개정판

내가 왜 믿어야 하죠?

내가 왜 믿어야 하죠?(개정판)

© 생명의말씀사 2010, 2019

2010년 9월 20일 1판 1쇄 발행
2012년 5월 15일 　　　4쇄 발행
2019년 6월 20일 2판 1쇄 발행
2024년 9월 25일 　　　3쇄 발행

펴낸이 | 김창영
펴낸곳 | 생명의말씀사

등록 | 1962. 1. 10. No.300-1962-1
주소 | 서울시 종로구 경희궁1길 6 (03176)
전화 | 02)738-6555(본사)・02)3159-7979(영업)
팩스 | 02)739-3824(본사)・080-022-8585(영업)

지은이 | 김재욱

기획편집 | 유선영, 김민주
디자인 | 김혜진
인쇄 | 영진문원
제본 | 다온바인텍

ISBN 978-89-04-16674-9 (03230)

저작권자의 허락 없이 이 책의 일부 또는 전체를
무단 복제, 전재, 발췌하면 저작권법에 의해 처벌을 받습니다.

개정판

내가 왜
믿어야
하죠?

개.정.판. 서.문.

여전히 "내가 왜 믿어야 하죠?"라고 묻는 한 사람이 남아 있다면…

10년 전인 2009년은 제가 의미 있는 책을 여러 권 냈던 해였습니다. 그중 한 권이 바로 이 책입니다. 40권에 가까운 저서 중에 어쩌면 제가 가장 귀하게 여기는 책도 이 책인 것 같습니다. 그것은 이 책이 복음을 가장 자세히 설명하기 때문이며, 그 복음이 사람의 영혼을 살릴 수 있기 때문입니다.

이 책을 처음 집필할 당시 다른 무엇보다도 주변 지인들과 가족들, 친구들을 설득해 구원에 이르게 하고 싶은 생각이 간절했습니다. 빈 종이에 생각나는 대로 만년필로 글을 쓰다가, 당시 상태로는 구원받지 못하는 친구들과 가족들 생각에 눈물이 원고로 떨어져 얼룩이 되곤 했을 정도로 간절한 마음을 담았습니다.

그런 마음 덕분인지, 이 책은 그해에 생명의말씀사 온라인서점에서 가장 사랑받은 책으로 선정되기도 했습니다. 그동안 이 책을 통해 믿음을 점검했다는 분들도 많이 만났고, 주변에 선물하기 위해 구입하시는 분들도 무척 많이 보았습니다. 저자로서는 너무나 감사하고 감격스러운 일입니다.

저는 작가이고 디자이너이면서 일러스트레이터지만 이 책은 일러스트를 넣지 않았습니다. 처음에 표지에만 일러스트를 하면서 만들었는데, 바로 그 그림 때문에 아동이나 청소년 도서로 오인되는 일이 더러 있었습니다. 제가 사는 동네 구립도서관에도 아동 열람실에 이 책이 꽂혀 있더군요. 그래서 이번 개정판은 원래 콘셉트대로 남녀노소가 볼 수 있는 책으로 재탄생했습니다.

이 책을 생각하면 추천해주신 고(故) 황수관 박사님을 잊을 수 없습니다. 흔쾌히 추천사를 수락하고 직접 써주시면서 "전도하는 책인데 물론 써 드려야죠. 옥고가 책으로 나오면 몇 권 보내주세요"라고 말씀하셨습니다. 몇 년 후 황 박사님은 건강검진 기간에 감염된 급성 패혈증으로 돌아가셨습니다. 건강법이나 건강관리 문제 때문이 아니었고, 그 병원의 교수였지만 일반인과 똑같이 치료 순서를 기다리다가 돌아가셨다고 들었습니다. 지금은 주님의 품에 안기셨을 것입니다.

"이 신바람 건강박사도 갑니다. 건강박사가 가는데 다른 박사는 안 갑니까! 다 갑니다. 가면 좋은 곳으로 가야지요. 저 천국, 저 하늘나라에 가야지요."

추천사로 주신 이 글을 아직 천국의 소망을 모르는 모든 분이 보셨으면 하는 마음입니다. 모든 사람은 죽습니다. 세월이 더 지나면 소중한 이들이 우리 곁에서 또 많이 떠날 것입니다. 지인의 장례 조문 안내 문자를 받을 때마다 다시 만날 희망이 남아 있기를 간절히 바라게 됩니다.

이번 개정판에는, 예화나 이야기 중에서 10년 전에는 많은 분이 이해할 수 있었지만 지금 젊은 세대는 공감하지 못할 수도 있는 부분을 조금 바꾸고 다른 설명으로 대체했습니다. 또한 그동안 제가 더 알게 된 성경 지식과 변증을 조금 더해 때론 풍성하게, 때론 간결하게 설명했습니다.

10년 동안 사랑해주신 독자님들께 감사드리고, 바이블로그(woogy68.blog.me)를 찾아주시는 분들께도 감사합니다. 이 책에 담긴 하나님의 은혜와 복된 소식을 통해 단 한 사람이라도 더 주님 앞에 나아온다면 저에게는 참된 보람일 것입니다. 여전히 "내가 왜 믿어야 하죠?"라고 묻는 분들이 남아 있는 한 이 책도 살아서 작지만 큰 소리로 좋은 소식을 전하는 귀한 도구가 되기를 바랍니다. 10년 동안 인도하신 하나님께 감사와 영광을 돌립니다.

이제 단 한 번만이라도 마음을 열고 이 간곡한 초청의 글을 읽어 주시기 바랍니다. 특히 성경구절들을 잘 읽어보십시오. 하나님의 사랑과 은혜가 함께하기를 기도합니다.

**2019년 6월
김재욱 올림**

시.작.하.는. 글.

끈

 어떤 사람이 영화를 보기 위해 극장에 갔습니다. 그는 10분 정도 늦게 도착한 탓에 영화의 앞부분을 보지 못했습니다. 그 영화에 대한 사전 지식도 없었지요. 그는 도입 부분의 결정적 상황을 몰라 영화를 보는 내내 내용이 잘 이해되지 않고 답답합니다. 게다가 그는 시간이 없어서 영화가 끝나기 전에 나가려고 하는 중입니다. 그는 계속 찜찜한 마음으로 영화를 보고 있습니다.
 옆자리에 다른 사람이 있군요. 그는 처음부터 영화를 보았을 뿐 아니라 전체적인 내용을 들었기 때문에 마지막에 주인공이 악당을 이기고 극적으로 승리하리라는 것을 알고 있습니다. 그래서 그는 편안하게 영화를 즐기고 있습니다.

 사람의 인생이 이와 같습니다. 어떤 이에게는 처음과 끝을 이어주는 지식의 끈이 없습니다. 이런 사람들은 자기가 어디에서

와서 왜 지금 이곳에 서 있는지, 장차 어디로 가게 되는지 알지 못해 불안합니다. 어느 시대를 살았든 모든 인간의 숙제이자 궁금증입니다.

그런데 그것을 아는 사람들이 있다고 합니다. 그들도 똑같이 삶의 고통을 겪지만 적어도 크게 요동하며 불안해하지는 않습니다. 소망을 품고 오히려 영화의 결말을 기다리듯 끝을 기다립니다.

여러분은 자신이 어디에서 왔으며 어디로 가는지 아십니까? 그리스도인들은 이것을 알고 있습니다. 여러분이 아직 인정하지 않을지 몰라도 이것은 사실입니다. 저는 지금부터 그것을 설명해 보려고 합니다.

날씨가 덥고 답답하십니까? 하지만 저는 시원하군요. 한쪽에 있는 에어컨에서 시원한 바람이 나오고 있기 때문입니다. 바람은 보이지도 않는데 어떻게 아느냐고요? 시원하기 때문에 압니다. 그런데 당신은 왜 더울까요? 아, 당신은 두툼한 코트를 입고 있군요. 이젠 그것을 벗어보시기 바랍니다.

바람이 나오는지 보여 주면 벗으시겠다고요? 그래서 저는 지금부터 최선을 다해 에어컨의 통풍구에 한 가닥 '끈'을 매어두려 합니다. 여전히 바람은 보이지 않겠지만 끈이 날리며 움직이는 것을 보실 수 있기를 바랍니다. 그리고 그 끈이 여러분의 마음을 하나님께 이어주는 생명의 줄이 되기를 기도하고 기대해 봅니다.

프.롤.로.그.

굿 뉴스

"아버지와 아들과 성령님으로 세 분이면서 한 하나님이신 창조주가 천사들과 영적 존재, 세상 모든 것과 인간을 만드셨습니다. 인간은 하나님이 주신 에덴동산에서 살게 됐습니다. 그러나 자유의지를 지닌 인간은 역시 자유의지를 지닌 타락한 영적 존재 사탄(마귀), 즉 뱀의 꾐에 넘어가 하나님의 명령을 어기고 생명나무가 아닌 선악을 분별하게 하는 나무의 열매를 따 먹는 죄를 지었습니다. 이로써 세상에는 죄가 들어오게 됩니다.
인간은 하나님의 형벌로 동산에서 쫓겨나 고난의 삶을 살게 되었습니다. 마귀의 자식으로 전락하여 자신의 죄 때문에 육신적으로는 죽고, 소멸되지 않는 혼은 하나님의 심판인 지옥의 형벌을 피할 수 없게 되었습니다. 그러나 사랑의 하나님은 더욱더 좋은 것을 예비하셨습니다. 인간을 위해 구원자를 약속하신 것입니다. 마침내 세 분 중 아들 하나님이 친히 아기의 모습으로 처녀의 몸을 통해 세상에 나타나셨습니다.

이와 같이 정하신 때에 아버지 하나님의 외아들인 예수 그리스도를 인간의 몸으로 이 땅에 보내주시고, 죄를 소멸하는 희생 제물이 되게 하셔서 구원의 길을 완전히 이루셨습니다. 누구든지 그를 믿기만 하면 영원한 속죄의 제사를 드리게 되어 과거, 현재, 미래의 죄를 용서받고 의롭다 여겨주심(칭의)을 얻어 하나님의 자녀가 되는 권세를 누리며 값없이 천국의 영원한 생명을 선물로 받게 됩니다."

이것이 '복음', 기쁜 소식입니다. 복음은 일방적으로 선포됩니다. 들을 귀 있는 자가 되어 듣고 따르면 자기 생명을 건질 수 있습니다. 그러나 선포된 복음 한마디 한마디에서 여러분은 꼬리를 무는 여러 가지 질문을 떠올렸을 것입니다. 기독교에 대한 사전지식의 정도에 따라 궁금증이나 의심은 그 양과 종류와 성격이 다를 거라 생각합니다.

그러면 이것이 왜 복음(福音), 즉 '굿 뉴스'이며 반드시 들어야만 하는 소식인지 최선을 다해 설명해 보고자 합니다.

이 책의 글들은 기독교에 대한 궁금증을 세상의 이치로 쉽게 설명한 것입니다. 우리 먼저 믿은 사람들은 그리스도의 편지라 했습니다. 이 편지는 받으면 찜찜한 '행운의 편지' 같은 것이 아닌, 그리스도의 생명을 소개하는 기쁜 소식이 담긴 편지입니다. 이것을 듣고 예수 그리스도를 구주와 주님으로 영접한다면 그 기쁜 소식을 다시 누군가에게 전하지 않고는 견딜 수 없을 것입니다.

추천사

천국에서 만납시다!

귀한 책을 추천하게 되어 기쁩니다. 『내가 왜 믿어야 하죠?』라는 제목도 마음에 쏙 듭니다.

이 책을 읽으실 여러분, 저는 평소에 각 교회로 간증하러 가서 끝날 때 이렇게 외칩니다.

"이 자리에 혹시 처음 참석하신 분이 계십니까? 진심으로 환영합니다. 잘 오셨습니다. 오늘 이 시간이 일생 잊을 수 없는 귀한 시간이 되시기를 바랍니다. 오늘 우리의 만남이 일생 잊을 수 없는 귀한 만남이 되기를 바랍니다.

여러분, 예수님을 영접하세요. 살아 계신 하나님은 여러분이 주님 앞으로 돌아오기를 간절히 기다리고 계십니다. 그분은 여러분이 주님 앞으로 돌아오는 것을 가장 기쁘게 생각하십니다. 예수님이 여러분의 마음을 지금 두드리고 계십니다. '어서 마음의 문을 열고 나를 영접해라.' 그러면 여러분의 모든 죄를 사해

주시고 하나님의 자녀로 삼겠다고 하십니다.

그리고 여러분, 이 세상에서는 오래 못 삽니다. 천년만년 살고 싶지만 못 삽니다. 여러분 제가 예언을 한번 해 볼까요? 앞으로 100년 후에는 이 자리에 계신 분 중 단 한 분도 살아남을 사람이 없습니다. 지난 50년, 60년의 세월이 금방 지나갔습니다. 앞으로 20~30년도 금방 찾아옵니다.

제가 50년 후에 이 교회에 와 볼까요? 저도 50년 후에는 여기에 못 옵니다. 이 신바람 건강박사도 갑니다. 건강박사가 가는데 다른 박사는 안 갑니까! 다 갑니다. 가면 좋은 곳으로 가야지요. 저 천국, 저 하늘나라에 가야지요. 우리 모두 천국에서 만납시다. 한 분도 빠짐없이 저 천국에서 만납시다!"

아직 예수님의 복음을 모르시는 분들, 이 책을 읽는 모든 분께도 이 말씀을 드리고 싶습니다. 책을 잘 읽어보시면 삶의 길이 보이실 겁니다. 이 신바람 건강박사가 강력히 추천해 드립니다. 이 책에 하나님의 은총이 늘 함께 하셔서 죽어가는 영혼들을 위한 길잡이가 되기를 기도드립니다.

신바람 건강박사 **황 수 관**
(당시 강남중앙교회 장로, 연세대학교의과대학 외래교수)

CONTENTS

개정판 서문   4
시작하는 글   8
프롤로그   11
추천사   14

01

까짓것, 죽기밖에 더하겠어?   23

다음 세상에서 만납시다. 어떻게요?
잠시 후 침몰할 타이타닉호에 타고 있다면?
죽음은 '소멸'이 아니라 '분리'
사람은 독립적 존재이며 늘 혼자다
당신도 무언가 '믿고' 있다
엄마 배 속과는 딴 세상이네!
"예수천국 불신지옥!"의 숨은 뜻
내가 왜 '죄인'으로 심판받아야 해?
첫 아담과 둘째 아담

02

기독교가
과학적이라고?   65

믿어도 안 믿어도, 진짜는 진짜다!
안 믿는 것도 '신앙'이다
인간의 두려움이 종교를 만들었다?
과학이 뒷받침하는 '창조'
진화의 증거는 왜 거짓말투성이일까?

03

성경이 사실이라는
증거를 보여줘!   89

성경은 일관되며 조작 의도가 없다
믿음 없는 확인은 무의미하다
어떻게 하나님의 말씀인 것을 알 수 있나?
성경에는 과학도 등장한다
성경, 독보적인 고대 예언서

04

한국 사람이 왜 서양 귀신을 섬겨?! ——— 117

너, 유대인 들러리야?
바벨탑에서 흩어지다
중국 고대사와 한자에 비밀이 있다
'이야기'를 보면 구원이 보인다

05

기독교의 하나님만 진짜 신이다 ——— 139

트리니티, 삼위일체의 하나님
하나님을 소개합니다
하나님이 아닌 것에 유의하라

06
예수님에 관한 성경의 예언이 모두 성취됐다 — 157

처녀가 아들을 낳음
아기의 모습으로 오심
베들레헴에서 태어나심
나귀를 타고 예루살렘 성에 입성하심
가롯 유다의 행적에 대한 예언
십자가 죽음 후 다리뼈가 꺾이지 않음
우리 죄를 위해 대신 고난을 당하실 것
예수와 가롯 유다의 유월절 음모?

07
마귀가 정말 존재한다고? — 173

교만으로 타락한 마귀 루시퍼의 정체
사탄 마귀의 가증한 속성들
사탄이 심은 세 가지 죄악

08

자유의지와 선악과, 병 주고 약 주고?   189

에덴동산 스토리와 자유의지는 모순?
사람은 예정된 길을 따라 걷는 로봇인가?
가장 중요한 선택, 구원에 이르는 결정

09

구원을 받으려면 어떻게 해야 하나?   207

스프링 돼지 윌버의 구원
구원받기는 어렵지 않다
회개 없이 구원 없다!
구원은 쉽고도 어렵다
그리스도를 '아는 것'이 영생이다!
진정한 지혜는 미련한 것

10

기독교, 잘 모르고 괜히 오해했어!   231

기독교(개신교)의 뿌리는 가톨릭이 아니다
기독교는 '모 아니면 도'
전능한 하나님이 왜 인간이 돼?
기독교는 왜 '피'를 강조하나?
구약은 율법, 신약은 은혜

에필로그　　　252
맺는 글　　　　255

01

내가 왜
믿어야
하죠?

까짓것,
죽기밖에
더하겠어?

생명을 두고 도박을 하십니까?
사람의 가장 근본적인 문제이면서
스스로 해결할 수 없는
'죽음'에 대해 생각해 봅니다.

다음 세상에서 만납시다.
어떻게요?

어떤 말도 아직 받아들일 준비가 되지 않은 여러분께 무슨 이야기부터 시작해야 할지 고민하다가 좀 무겁긴 하지만 먼저 모든 사람이 겪는 '죽음'에 대해 말해야겠다고 생각했습니다.

'죽음'이 없다면 우리는 이런 고민 자체를 할 필요가 없었겠지요. 죽음 때문에 모든 것이 흐트러졌습니다. 사랑하는 이와 헤어져야 하고, 육체적·정신적 고통을 받으며, 죽음 뒤의 일을 몰라 심란해합니다. 그래서 죽음은 가장 먼저 다루어야 할 주제라고 생각했습니다.

여러 해 전에, 뇌사상태의 가족을 둔 사람들의 이야기를 취재한 다큐멘터리를 보았습니다. 이미 신체 기능이 거의 정지한, 말 그대로 '산송장'과 같은 가족을 두고, 산소호흡기를 떼기로 결정하는 과정과 고심하는 모습 그리고 결국 그 일을 감행할 수밖에 없는 이들의 고뇌를 다룬 프로그램이었습니다.

그중 20대 초반 여대생이 기억에 남습니다. 사고를 당해 누워 있는 죽음 직전의 그 젊은 여성에게는 사귀던 남자친구가 있었습니다. 마지막으로 호흡기를 떼기 전에 가족은 그녀의 남자친구를 불렀습니다.

남학생은 꼼짝도 않고 누워 있는 그녀 앞에 앉아 말을 시작했습니다.

"난… 너를 알게 돼서 너무 행복했고, 너를 사랑할 수 있어서 너무 기뻤어. 우리가 지금은 이렇게 헤어지지만 꼭 다시 만나리라 믿어. 우리 다음 세상에서는 건강한 모습으로 다시 만나자. 정말 고마웠고… 사랑한다."

특정한 종교적 용어는 없었지만 조리 있게 마치 수상소감을 준비한 듯 침착하게 말하는 남학생을 보면서 그때 한창 유행하던 연인과의 사별을 주제로 한 유행가의 가사들이 떠올랐습니다. 아무튼 그 남학생이 눈물 없이 들을 수 없는 고백을 꽤 덤덤하게 할 수 있었던 것은 이별을 이미 준비했거나 아직 실감하지 못해서일 것입니다. 그것도 아니면 그는 확고하게 다음 세상에서 만날 거라고 확신했을지도 모릅니다.

과연 다시 만날 가능성이 있을까요? 직장을 그만두는 사람들끼리도 "꼭 다시 만나자, 연락해"라고 말하지만, 퇴사한 뒤에도 지속적으로 만나는 사람은 거의 없는 것이 세상일입니다. 이렇게 같은 하늘 아래서 살고 있는 사람도 다시 만나기가 어려운데 다음 세상에서 어떻게 만난다는 말입니까. 그리고 그 '다음 세상'은 대체 어디란 말입니까. 윤회하여 다른 생물로 태어납니까? 아니면 전혀 다른 세상이 또 있다는 것일까요? 그곳으로 가려면 어떻게 해야 할까요?

흔히 사람이 죽은 뒤에 남은 사람들이 하는 이야기에는 사실상 의문이 가득합니다.

"이 땅에 그의 분신이 남아 있으니 그는 죽어도 사는 것이다."
"이 땅에서 착하게 살았으니 꼭 좋은 곳으로 갈 거야."
"넌 죽었지만 내 가슴속에 영원히 살아 있어."
"그의 죽음이 헛되지 않도록 반드시 이 일을 이룹시다."
"그는 죽었지만 영혼은 우리 곁에 영원히 남아 우리를 지켜 줄 겁니다."

그러나 이 말들 속에 등장하는 주인공들은 여기 없습니다. 솔직히 산 사람을 위해 하는 말들입니다. 가슴속에 살아 있고, 민족혼 속에 있으며, 다음 세상에서 대기하고 있고…. 정말 그럴까요?

내가 지지했던 정치인, 팬이었던 연예인, 정신적 지주였던 친구 그리고 내 자신보다 더 사랑했던 가족 등. 그들이 내게 좋은 기억으로 남아 있고 나의 가치관에 영향을 미쳤을 수도 있습니다. 그러나 그들과 나는 이제 궁극적으로 아무 상관이 없습니다. 그들이 어디 있는지 모르고 그들은 다음 차례인 내가 죽을 때 나를 살려주지도 못합니다. 또 우리가 그들을 위해 대체 무엇을 할 수 있겠습니까. 그저 좋은 곳으로 갔으려니 하고 믿을 뿐입니다.

"살아 있는 자들은 자기가 죽을 것을 알거니와 죽은 자들은 아무것도 알지 못하며 다시는 보상도 받지 못하나니 이는 그들을 기억하는 일이 잊혔기 때문이로다"(전도서 9:5).

그래서 성경은 이렇게 말씀합니다. 과연 옳은 말 아닙니까?

잠시 후 침몰할 타이타닉호에 타고 있다면?

예전에 리더십에 관한 강의를 들었습니다. 제가 들은 강의는 일과 삶의 '우선순위'에 관한 강의였는데, 거기서 진행한 조별 프로그램 중에 가상의 위기상황을 던져주고 자기가 가장 먼저 챙기고 싶은 의미 있는 것을 순서대로 적는 시간이 있었습니다.

"나는 지금 '타이타닉호'에 탑승하고 있고, 배는 암초에 부딪혀 침몰 직전이다. 이 급박한 상황에서 내게 가장 소중하게 여겨지는 것이나 사람 또는 가치는 무엇인가?"

이것이 주어진 상황이었습니다. 나름 고심하며 답을 쓰고 나서 내가 속한 조원들과 비교해 보았습니다. 크리스천들은 거의 영생이나 하나님을 향한 믿음과 가족 등을 썼고, 무신론자들은 명예,

가족, 재산 등을 썼습니다.

그 강의가 진행된 뒤에 점심시간이 되어 다 함께 어느 식당으로 갔습니다. 그날 처음 본 사람들이지만 수강생들은 삼삼오오 모여 통성명도 하고 각자 하는 일에 대해 이야기도 나눴습니다. 잠시 후 강사가 합류했는데 마침 제 옆자리에 앉게 됐습니다. 저는 프로그램 중 궁금했던 것을 물었습니다.

"그런데 아까 그 상황에서 궁금한 전제 조건이 있는데요, 침몰하고 나면 저는 레오나르도 디카프리오처럼 죽는 건가요, 아니면 케이트 윈슬렛처럼 구조받는 건가요? 거기서 죽는지 구조돼서 남은 삶을 사는지에 따라 답이 많이 달라질 것 같은데…. 저는 남자라 그런지 일단 디카프리오처럼 죽는 것을 전제로 했었거든요. 산다면 남아 있는 삶에 관한 것을 생각할 여지가 있지만, 죽는다면 저는 크리스천이기 때문에 영적이고 심오한 가치와 신을 생각할 수밖에 없더라고요."

제 얘기에 강사가 말했습니다.

"아하~ 그럴 수도 있겠네요. 저는 구조받고 나머지 삶을 사는 걸 전제로 했던 건데 그걸 명확히 할 필요가 있겠네요."

내가 속한 조원들에게 프로그램이 끝나고 어떤 전제로 답을 썼는지 물어보니 '죽는다'와 '산다'가 반반이었습니다. 크리스천은 대부분 저처럼 죽는 것을 전제로 썼다는 것도 알 수 있었습니다. 몇 년째 진행되는 강의라던데, 어찌 보면 가장 중요한 전제를 안 알려주는 강사나 그것에 대해 문제 제기를 하지 않는 수강생들이 이해가 되지 않았습니다.

이처럼 사람들은 죽음에 대해 잘 생각하지 않습니다. '침몰하는 배'라는 위기상황조차 그들을 긴장시키지 못합니다. 죽으면 무엇이 될지, 어디로 갈지에 왜 관심을 갖지 않을까요? 죽어보면 안다는 생각일까요? 모르는 일이라고요? 그렇다면 죽기 전에 알아봐야 하지 않을까요?

살다 보면 많은 일에 우선순위가 있겠지만 그중에서도 죽음에 관한 준비는 삶에서 가장 우선이 되어야 합니다. 그것에 따라 우리의 행동과 인생관이 바뀌기 때문입니다.

죽음은
'소멸'이 아니라 '분리'

다음 세상, 그곳은 어디이며 거기서 누굴 만나겠다는 것일까요? 왠지 낭만적이지만 매우 불투명한 감상으로 저 암흑 너머의 삶을 적당히 상상하다가 가겠다는 사람이 많습니다. 우리는 언젠가 사랑하는 이들과 헤어지게 됩니다. 그것은 바로 내일이 될 수도 있습니다. 이처럼 험하고 괴로운 세상에서 내일을 보장받은 이가 누구겠습니까.

그러면 여러분에게 묻고 싶습니다. 그리고 솔직한 대답을 듣고 싶습니다.

죽으면 다 끝일까요? 혼을 칼로 벨 수 있습니까? 혼이 몸과 함께 늙어갑니까? 마음은 어디에 있으며, 정신이나 영혼은 어디에 있을까요? 수면제를 먹고 기절한 듯 사나흘 누워 있어도 사람의 혼은 떠나지 않습니다. 죽으면 혼도 죽는다고 생각하기가 쉽지만 그렇지 않습니다.

죽음은 사라짐이 아니라 '분리'를 뜻하는 것입니다. 세상과 분리되고 가족과 분리되며 육체와 분리되는 것입니다. 몸은 우리가 일생 동안 사용한 장막, 즉 집이라고 볼 수 있지요. 일반적으로 '죽었다'는 말을 "유명을 달리했다"고 표현하기도 하는데 이 말도 '저승과 이승으로 나뉘었다'는 뜻입니다. 그러므로 오래전부터 사람들은 죽음이 끝이 아니라는 것을 알고 있었다고 볼 수 있습니다. "돌아가셨다"는 표현도 괜히 있는 게 아닙니다.

우리는 매일 죽음과 삶을 연습합니다. 나무가 가을에 잎이 지고 겨울에 죽었다가 봄에 다시 살아나는 것과 같습니다. 날도 어둠으로 변했다가 새벽부터 깨어납니다. 우리는 그 낮과 밤을 따라 매일 잠을 자면서 죽음을 연습합니다. 하지만 몸이 멈춰 있고 외부의 일을 인지하지 못하는 수면 상태에서도 우리의 혼은 살아 있습니다. 혼이란 목숨이며 그 사람 자체입니다.

『삼국지』에는 노장 관우가 죽은 뒤의 이야기가 나옵니다. 관우는 처음에 자기가 죽은 것을 모르고 의형제인 유비를 찾아갑니다. 유비는 먼 곳에 있는 줄 알았던 관우가 찾아오자 깜짝 놀라지만 이내 관우의 혼령임을 깨닫습니다. 소설이지만 이처럼 오래전부터 많은 사람이 육체에 죽음이 와도 혼은 함께 소멸하지 않는다는 것을 알고 있었습니다.

만일 죽음 이후의 세계가 정말 있다면 어떻게 되겠습니까. 그것에 대해 한번 알아보십시오. 영혼에 대한 무관심, 당신에 관한 뿌리 깊은 무관심에서 벗어나시기를 바랍니다. 당신의 사랑하는 가족과 헤어지지 않아도 될 방법이 있다면 한번 알아보지 않겠습니까? 예수 그리스도를 믿는 이가 여러분에게 전도를 한다면 그것이 '나는 당신과 언제까지나 헤어지고 싶지 않습니다'라는 뜻임을 꼭 기억해 주십시오.

여러분은 삶을 살면서 어떤 부분에 관심을 갖고 신경을 쓰며 투자하고 계신가요? 그리고 무엇을 두려워하십니까? 가능하면 가장 중요한 부분에 투자하고 그것을 먼저 해결하는 것이 마땅할 것입니다. 그런데 만일 우리에게 죽지 않는 영혼이 있다면 그리고 그것을 만든 신, 그것을 주관하는 신의 심판이 있다면 어떻게 하시겠습니까.

간혹 죽음을 마지막 도피처요 벼랑 끝에 몰렸을 때 선택할 수 있는 커다란 특권으로 생각하는 사람들이 있습니다.

"죽기 아니면 까무러치기지."
"까짓것, 죽기밖에 더하겠어?"

죽음에 대한 잘못된 개념이 이런 자신감 아닌 자신감을 갖게 하는 것입니다.

2009년에 큰 인기를 끈 드라마 〈선덕여왕〉에는 '미실'이라는 여걸이 등장합니다. 이 아름답지만 차갑고 무자비한 캐릭터가 얼마나 화제였는지, 10년이 지났어도 그녀가 등장할 때 배경에 깔리던 음악은 지금까지도 각종 예능 프로그램에서 간담을 서늘하게 하는 장면에 사용되곤 합니다.

화랑도 출신에 왕의 옥새를 담당하는 '새주'였던 그녀는, 남편 외에도 군대를 총괄하는 병부령 설원을 정부로 두고 있었습니다. 그녀가 선덕여왕에 대항해 일으킨 난이 실패로 끝나고 성의 방어가 모두 뚫려 최후를 맞이할 때, 설원과 나누는 대화가 있습니다. 그들이 낭도 시절에 부르던 노래를 한 소절씩 읊조리는 것이었습니다.

"싸우지 못하는 날엔 지키면 되고…."
"지키지 못하는 날엔 항복하면 되고…."
"항복하지 못하는 날엔…?"
"……."
"항복하지 못하는 날엔… 그날 죽으면 그만이네."

이처럼 '죽음'이라는 것은 전쟁에 나선 용사들에게는 큰 위안거리입니다. 포악한 적에게 인질로 잡힌 자들에게는 죽음이 오히려 동경의 대상이 됩니다. 자살하는 이들에게 죽음은 모든 것을 끝낼 수 있는 가장 매혹적인 해결책이 되기도 합니다. 그래서 어떤 이들은 힘든 싸움을 끝내려고 극단적 선택을 하는 것입니다.

미실처럼 모험을 벌이는 인생에게는 죽음이 큰 도피처이자 두려움에 맞설 수 있는 최후의 카드가 될 것입니다. 그러나 죽음이 끝이 아니라면 그들은 가장 어리석은 모험을 하는 것입니다. 실제 있었던 노래인지는 모르지만 미실과 설원의 노래는 군사를 부리는 자들이 병사들의 공포심을 없애고 목숨을 바치게 하기 위해 부르도록 한 것입니다. 그런 죽음은 상처와 회한만을 남기게 됩니다.

다음 세상에 비해 이 세상의 삶은 너무나 짧고 초라합니다. 그래서 그리스도인들은 육신이 죽음을 당한다 해도 하나님을 배신할 수 없습니다. 그들에게 정말 두려운 것은 진정한 사망, 즉 영혼의 영원한 사망인 지옥 형벌이기 때문입니다. 그래서 예수님은 이렇게 말씀하셨습니다. 가장 중요한 것을 놓치지 마시기 바랍니다.

"몸은 죽여도 혼은 능히 죽이지 못하는 자들을 두려워하지 말고 오직 혼과 몸을 다 능히 지옥에서 멸하시는 분을 두려워하라"(마태복음 10:28).

사람은 독립적 존재이며
늘 혼자다

그런데 문제가 있습니다. 아무도 당신에게 목숨을 주어 삶을 연장시키거나 혼을 멸절시켜 주거나 좋은 곳에 데려다 줄 수가 없다는 사실입니다. 우리는 늘 혼자입니다. 잘 아시다시피 사람은 늘 독립적이고 의식 속에서 그저 혼자입니다. 서로 얽혀 사는 것 같지만 마치 식물처럼 저마다 다른 곳에 뿌리를 내리고 있습니다.

'나'는 하찮은 존재 같지만 사실상 대체할 수 없는 존재입니다. 많은 일로 무척 바쁠 때 누군가 도와주면 좋겠지만 실제로는 돕는 것이 더 방해가 될 때가 있습니다. 그럴 때면 그저 나와 똑같은 사람 하나만 더 있으면 좋겠다는 생각이 듭니다. 그러나 그런 존재는 있을 수가 없지요.

한 사람이 없어지면 그와 관련된 많은 것이 쓸모 없어집니다. 저는 친한 친구가 돌연사로 세상을 떠났을 때 그의 휴대전화를 가지고 있었습니다. 거기에는 저와 주고받은 문자 메시지도 남아 있었고 다른 친구들의 번호와 모르는 사람들의 연락처도 있었습니다. 그걸 꺼내서 부고 문자를 보내려고 하는데 비밀번호가 걸려 있어서 생일이나 의미 있는 숫자들을 입력해 보았지만 열 수가 없었습니다. 친구의 친동생이 통신사에 각종 증빙서류를 제시하고 나서야 겨우 번호를 받아 왔습니다.

자부심 강한 해병이었던 그 친구의 휴대전화 비밀번호는 815(광복절)였습니다. 그러나 아무도 그것을 눈치채지 못했습니다. 번호가 세 자리일 줄은 상상하지 못한 것은 물론이고 아무리 해병대 정신이 투철하다지만 비밀번호가 815일 줄을 누가 알았겠습니까. 이처럼 작은 것도 당사자가 없어지면 모두 묻혀버립니다. 그 많은 인연들, 이야기들, 의미들 그리고 그가 착수하려던 일들도 모두 중단되고 그대로 묻어두는 수밖에 없습니다. 아무도 그 자리를 대신할 수 없기 때문입니다.

우리 각 사람은 매우 독창적으로 설계되었습니다. 전 세계 모든 사람은 얼굴은 물론이고 손가락의 지문도 다 다릅니다. 목소리의 주파수에도 저마다 다른 성문(聲紋)이 있어서 범죄자를 수사할 때 사용합니다. 이렇듯 모두 다른 정체성을 지니고 있습니다.

하늘에서 내리는 눈송이는 육각형의 아름다운 결정을 지니고 있는데요, 이 결정들은 공기 중의 미세한 먼지를 뿌리 삼아 여섯 방향으로 자라납니다. 현미경으로 보면 육각형의 아름다운 조각품 같습니다. 눈 결정체는 다양한 기하학적 모양을 지니고 있습니다. 1920년대에 윌슨 벤틀리(Wilson Bentley)라는 과학자가 이것을 처음 촬영해 세상을 놀라게 했지요.

하지만 스키장에 있는 제설기로 만든 눈에는 그런 결정이 없습니다. 성경 욥기에는 '눈의 곳간'이 있다고 기록돼 있습니다. 눈은 그야말로 엄청나게 양이 많습니다. 그런데 그동안 내린 눈과 전 세계에서 내리는 모든 눈을 다 살펴봐도 서로 무늬가 똑같은 것은 단 한 개도 발견할 수 없다고 합니다. 그러니 그보다 훨씬, 아니 가장 복잡하고 개체수도 적으며 중요한 존재인 인간이 서로 같지 않고 독립적인 것은 당연한 일일 것입니다.

이 사실이 무엇을 뜻할까요? 세상의 모든 것이 공장에서 찍어내는 물건들과는 근원적으로 다르며 그중에서도 인간은 매우 특별한 존재라는 사실입니다. 사람은 혼자 살아갈 수 없는 존재이면서 동시에 반드시 혼자만의 시간을 가져야 하는 존재입니다. 혼자 있어도 완벽하게 자유롭지 못합니다. 옳지 않은 일을 아무도 모르게 해도 스스로 부끄러움을 느끼는 존재가 인간입니다. 그것은 하나님이 각 사람에게 양심을 주셨기 때문이며 실제로 하나님께서 지켜보고 계심을 느끼기 때문입니다.

당신도 무언가 '믿고' 있다

　사람에게는 누구나 종교적 심성이 있습니다. 이 종교적 심성은 하나님이 주신 것으로 볼 수 있지만, 이것이 참 하나님을 만나는 데 걸림돌이 되기도 합니다. 무언가 섬기고 의지해야 할 것만 같은 심정으로 다른 신을 찾거나 일월성신을 숭배하기 때문입니다.

　우리가 무언가를 좋아하면 종교적 열심을 품게 됩니다. 사람을 많이 좋아해도 거의 숭배하는 듯한 모습을 볼 수 있습니다. 일본 대중문화가 개방되었을 즈음 뉴스에 어느 일본 걸그룹의 한국 팬클럽이 나왔는데, 화면에 그 그룹이 등장하자 십대 남학생들이 일제히 일어나 절하는 장면을 보았습니다. 기자가 왜 절을 하느냐고 묻자, 자기들이 사랑하는 그룹이기 때문에 너무나 감사해서 그런다고 대답했습니다.

　이처럼 좋아하는 연예인의 팬이 되면 그의 사진을 방에 붙여놓고 그와 마음속으로 대화하는 등 현실을 초월한 존재로 여기기 시작합니다. 연예인을 아이돌(idol)이라고 부르기도 하는데, 그 말 자체가 '우상'이라는 뜻입니다.

요즘은 말의 표현이 극대화되면서 종교적인 용어들이 많이 사용됩니다. 공부를 잘하면 '공부의 신', 연기를 잘하면 '연기의 신'이라고 합니다. 어떤 중요한 계기가 된 굉장히 잘한 선택은 '신의 한 수'라고 부릅니다. 가격대비 성능을 말하는 '가성비'라는 신조어는 '갓성비'라는 말로 그 최고치를 표현합니다. 특정 연예인을 최고라고 표현할 때는 아예 이름에서 성을 바꿔 '갓철수' 하는 식으로 부르는데요, 물론 '갓'은 God 혹은 god으로, 하나님이나 신(神)을 뜻합니다.

사람은 살아가는 동안 무언가에 마음을 두고 삽니다. 돈이든 명예든 사람이든 학문이든 쾌락이든 취미든 친구든 연예인이든 자식이든 어느 것에든지 마음을 두고 그것을 거의 숭배하며 살아갑니다. 기독교 신자는 하나님의 성품을 닮고자 하는 마음으로 살아갑니다. 그것이 섬기는 자의 기본 정신이며 최고의 존경을 표시하는 마음입니다. 최고의 찬사는 바로 '모방'이기 때문입니다.

저의 학창시절에 크게 인기를 끌었던 만화 〈공포의 외인구단〉에는 여자 친구인 '엄지'를 어릴 적부터 극진히 아끼고 사랑하는

'까치' 오혜성이 나옵니다. 고향을 떠나 서울로 간 엄지를 그리며 편지를 주고받다가 장성해서 다시 만난 까치는 자신의 애틋하고 절절한 사랑을 표현하며 유명한 대사를 합니다.

"너는 내게 신이었고, 네 편지는 내게 성전이었다."

사랑을 이야기할 때 가장 극적이고 또 최고조의 느낌을 전달할 수 있는 것이 바로 이런 종교적 표현입니다. 이처럼 우리 모두에게는 종교심이 있습니다. 아무것도 없다고 믿고 아무것도 숭배하지 않는다는 사람이 있다면 그는 자기 자신을 믿는 것입니다. 하지만 사람이나 돈이나 조상이나 해와 달, 아니 그 어떤 것도 참된 필요를 채워주지 못한다는 사실을 인정해야 합니다. 그러므로 당신은 그런 것들을 넘어서는 참 신을 만나야 합니다. 그 신을 만나기 전까지는 그 어떤 수고로도 만족에 이를 수 없을 것입니다.

엄마 배 속과는
딴 세상이네!

사람은 죽음 뒤에 다가올 내세를 구체적으로 알 수 없습니다. 크리스천은 성경에 있는 대로 보고, 믿지 않는 이들은 스스로의 경험에 따라 판단할 뿐입니다. 다음 세상은 그야말로 '무엇을 상상하든 그 이상을 보게 되는' 곳이기 때문입니다.

다음에 맞게 될 세상을 자신 있게 안다고 할 사람은 없을 것입니다. 그러나 성경에는 우리가 알아야 할 만큼 설명이 되어 있습니다.

교회나 기도원에서 천국과 지옥에 대해 간증하는 사람들이 많은데, 그런 것은 믿지 마십시오. 그 내용이 도무지 성경과 다른 것은 물론이고, 가 봤다는 사람들끼리도 제각각인 이야기들을 하면서 사람들에게 막연한 두려움과 환상만 심어주고 있습니다. 많은 이들이 참된 기독교를 값싸게 전락시키고 있습니다. 그런 간증들을 따라가서는 안 됩니다. 천국과 지옥은 쉽게 가 볼 수 있는 곳이 아니며, 봤다고 해도 그것을 말하는 것은 불법이라고 성경에 나오기 때문입니다.

성경의 많은 부분을 저술하며 복음을 전파했던 사도 바울은 자신이-자신이라고 직접 지칭하지 않았지만-가장 높은 단계의 셋째 하늘에 다녀온 경험이 있으나 자랑하지 않겠다고 했습니다. 자랑하되 주님 안에서만 자랑한다는 바울이 하늘나라를 보고 온 경험을 자세히 들려주었다면 복음전파에 도움이 되었을 텐데 그는 그렇게 하지 않았습니다. 그것은 규칙을 깨는 것이기 때문입니다.

신비한 경험이나 대단한 기적을 보고 믿는 믿음에는 참다운 깊이가 없습니다. 오히려 신비함이나 기적의 소멸과 함께 믿음도 사라지기 쉽습니다. 그러므로 함부로 내세를 예측하는 것은 위험한 일입니다. 우선 육체의 죽음으로 모두 끝나는 것이 아니며 상상을 초월하는 세계가 존재한다는 것을 아는 것으로 충분하고, 그 후에 성경이 드러낸 만큼 천국과 지옥의 진실을 알면 될 것입니다.

저는 자면서 꾸는 꿈이 삶의 표본과 같은 것이라고 생각합니다. 꿈속에서는 알 수 없는 사건들이 많이 일어나는데, 곧 깨어난다는 생각을 전혀 하지 못한 채 그것이 현실인 줄만 알고 전전긍

궁하거나 기뻐합니다. 하지만 꿈에서 깨면 그것은 아무것도 아닙니다. 오히려 상황과 감정은 반대가 됩니다. 로또에 당첨되는 꿈을 꾼 사람은 허탈할 것이고, 사형대로 올라가는 꿈을 꾸던 사람은 가슴을 쓸어내리며 안도의 한숨을 쉴 것이기 때문입니다.

천국과 지옥의 기준으로는 이처럼 세상에서 발을 동동 구르며, 혹은 희희낙락하며 살아가는 기간이 눈 깜빡할 정도의 짧은 시간입니다. 그런데 그 시간이 죽음 이후의 영원한 삶을 좌우한다면 아찔한 일 아닙니까.

어릴 때 저는 꿈속에서 빵점 시험지를 받았습니다. 꿈속에서 시험지를 숨기고 있다가 잠을 잘 때도 그것을 등에 깔고 잤습니다. 그런데 깨고 보니 꿈이었습니다. 잠에서 깬 저는 안도의 한숨을 내쉬며 무심코 등 뒤를 만져 보았습니다. 아니, 그런데 이게 웬일입니까. 거기에 빵점짜리 시험지가 그대로 있었습니다! 황당해하며 전전긍긍하던 저는 또다시 잠에서 깼습니다. 이번엔 등 뒤에 시험지가 없었습니다. 그러니까 저는 이중으로 꿈을 꾼 것입니다. 꿈속의 꿈에서 깨어났을 때는 한 번 더 깨어나게 될 것을 전혀 생각지 못했습니다.

그래서 저는 꿈이란 것이 인생의 표본이라고 생각합니다. 우리는 꿈에서 깨어나 안도하거나 아쉬워하지만 아직 한 번 더 깨어날 일이 남아 있습니다. 하나님은 이렇게 우리 일상의 많은 것을 통해 말씀하고 계십니다.

엄마의 자궁 속에서 탯줄을 통해 먹고 마시고 자며 살아가던 태아는 그곳이 전부인 줄 압니다. 그 세계가 어떻게 만들어졌는지 알 길도 없고, 자신의 전부인 그 아늑한 세계가 어떤 세상과 연결돼 있는지 그리고 자신의 생명이 그 공간의 주인 때문에 존재한다는 것도 전혀 깨닫지 못합니다. 그러다가 때가 되면 아기는 그곳을 나옵니다. 갑자기 물(양수)도 없는 곳으로 나가게 되니 뭍으로 나온 물고기처럼 불안해합니다. 또 배꼽이 아닌 폐로 숨을 쉬어야 한다는 사실에 공포를 느껴 울기 시작합니다.

그러나 세상에는 맛난 것도 훨씬 많고, 밝고 신기한 것들로 가득합니다. 나가기 싫고 나가면 죽을 것만 같았던 공포와 걱정은 완전한 기우였습니다. 이제 아기는 바깥세상에서 자신에게 생명을 선물한 사랑하는 부모를 직접 보고 만지고 대화할 수 있습니다. 천국과 이 세상의 표본 같은 이치입니다. 그 때문에 구원받고 다시 태어나는 것을 '본 어게인(born again)'이라고 합니다. 다시 되돌릴 수 없는 상태가 되는 것입니다.

흔히들 천국을 따분하고 무미건조한 곳으로 생각하는 경향이 있습니다. 그 이유는 상상 이상의 세계이기 때문입니다. 기독교인들조차 그곳을 매일 찬송가만 부르고, 흰옷을 입고 발소리도 안 내며 다니거나 오락거리도 없이 재미없게 지내는 곳으로 오해하곤 합니다.

영화에 등장하는 천국이나 지옥도 상상의 한계를 벗어나지 못합니다. 흔히 미국과 한국을 표현할 때, 미국은 '재미없는 천국'이고 한국은 '재미있는 지옥'이라고 합니다. 지옥은 살기 힘든 곳 정도로, 천국은 따분한 교회 같은 곳으로 여기고 싶어 하는 것입니다. 그래서 사람들은 어느 영화의 대사처럼 이렇게 말하곤 합니다.

"천국도 지옥도 재미없어요. 그냥 우리가 있는 여기가 제일 좋아요! 삶을 즐깁시다!!"

그래서 욜로(YOLO)라는 말도 사용됩니다. You Only Live Once, 즉 '한 번뿐인 삶'이니 현재 자신의 행복을 가장 중시하며, 미래 또는 남을 위해 희생하기보다는 현재의 행복을 위해 소비하는 라이프스타일을 뜻합니다.

하지만 애벌레가 나비의 모습이 장래의 자기 모습임을 알지 못하고, 자궁 속의 태아가 바깥세상을 상상하지 못하는 것 이상으로 우리는 천국과 지옥에 대해 알지 못합니다.

지옥은 그렇게 단순한 곳이 아닙니다. 단테의 『신곡』에 나오는 내용처럼, 지옥에 들어가는 자는 그 입구에서부터 '모든 소망을 버려야' 합니다. 불의 고통만이 존재하는 곳이 바로 지옥입니다.

사람이 몸에 입는 상처 중 가장 아픈 것이 화상입니다. 저는 그 이유가 지옥의 고통을 미리 면하라는 하나님의 배려와 경고라고 생각합니다.

천국도 따분한 곳이 아닙니다. 우리가 상상조차 할 수 없는 기쁨과 즐거움이 넘치고 고통은 전혀 없는 곳입니다. 죄가 되지 않는 진정한 의미의 쾌락을 누릴 수 있고, 이 땅에서는 능력과 여건의 부족으로 포기해야 했던 많은 취미와 모험이 가능할 것입니다. 이 세상에 살 때도 예수 그리스도를 믿으면 그 마음에 천국의 소망이 생기고 마음의 평안을 얻습니다. 세상의 모든 근심과 걱정을 그분께 맡길 수가 있고, 죄의 짐을 다 벗게 되어 영혼의 참 자유를 누릴 수 있습니다.

그런데 현재라는 꿈에서 깨어나면 다시 이곳에 돌아올 수 없습니다. 살아서 믿는 것이 유일한 기회입니다. 우리는 아직 놀라운 은혜의 시대를 살고 있습니다. 세상에는 구원자 예수 그리스도의 이름을 들어보지도 못하고 죽는 이들이 얼마나 많은지 모릅니다. 그러나 우리에게는 복음이 선포되었고, 기회가 왔습니다!!

"예수천국 불신지옥!"의 숨은 뜻

지옥 이야기가 듣기 싫으십니까? 예수천국 불신지옥…. 아마 이 소리가 손톱으로 칠판을 긁는 소리처럼 불편하실 겁니다. "그래, 너희는 천국 가고 우리는 지옥 간다는 거냐?" 이렇게 따지고 싶으실 겁니다.

저도 이 말이 그리 편하게 들리지는 않습니다. 왜냐하면 가족 중에 아직 믿지 않는 이들이 있기 때문입니다. 이 말에 거부감을 느낀 사람들이 구원에서 더 멀어질까 염려도 되고, 이 말을 조롱하는 눈빛들이 불편하기도 합니다. 그럼에도 불구하고 이 말은 사실입니다. 예수 그리스도를 믿은 사람들이 가장 절절하게 여러분께 들려주고픈 말을 압축한 것이 이 말입니다. '예수천국 불신지옥', 더 짧게는 안 됩니다.

왜 예수님을 믿습니까? 기독교인들이 무슨 거창한 목표를 이루거나 고상한 취미를 갖기 위해 예수님을 믿는다고 생각하시나요? 그렇지 않습니다. 지옥이 있음을 안 후로 그곳만은 절대 피해야 하겠기에 지옥을 피하는 매우 유리한 조건을 수용하고, 마귀에게서 하나님께로 소유권을 이전한 것입니다.

물론 크리스천들은 죄를 용서받았지만 여전히 죄를 짓는 사람들입니다. 그래서 오늘도 죄를 등지고 도망치는 중입니다. 어떤 면에서는 불신자들보다 더 힘들게 살기도 하고, 죄의 유혹에 걸려 넘어져서 본을 보이지 못하기도 합니다. 우리도 죄가 유혹적이며 달콤하고, 쉽고 편하다는 것을 압니다. 하지만 그것을 극복하면 양심의 자유와 고차원적인 기쁨 그리고 무엇과도 바꿀 수 없는 참된 평안을 누릴 수 있기 때문에 그 길로 다시 가지 않으려 노력합니다. 물론 완벽하지 않고, 그런 행위가 구원이나 구원 탈락의 조건이 되는 것은 아니지만 말입니다.

구원받은 사람도 하나님 없는 곳에서 맘대로 하고 싶은 죄의 몸을 여전히 가지고 있습니다. 사도 바울도 사후 세계에 대한 소망이 없다면 믿는 자들이 가장 불쌍한 자들이라고 말했습니다. 그는 믿는 자들이 누리지 못하고 있는 세상의 즐거움은 장차 하늘나라에서 얻을 영광과 결코 비교할 수 없다고 했습니다. 만일 그런 소망이 없다면 절제하며 살아온 크리스천들은 헛고생을 한 게 아닙니까.

하지만 크리스천들은 천국과 지옥이 실존한다는 것을 압니다.

누가 우리를 세뇌하거나 겁을 준 것이 아니라 모든 정황상 그렇다고 믿게 됐습니다. 눈에 보이지 않는 공기가 있다고 믿는 이유는 풍선을 불면 점점 커지고, 머리칼이 바람에 날리기 때문입니다. 에어컨 송풍구에 묶어둔 끈이 흔들리면 작동 중인 것을 알듯이 말입니다. 바로 이런 방법으로 우리는 지옥을 알고 믿게 되었습니다.

그렇다면 교회가 지옥을 말하는 것이 여러분을 괴롭히는 일일까요? 여러분은 저 앞이 낭떠러지인데 그곳을 향해 빠른 속도로 달리는 운전자에게 위험을 알려주지 않는 사람을 용서하시겠습니까? 어떤 사람들은 기독교인을 '환자'라고 부릅니다. 괜찮습니다. 그러나 그렇게 불린다면 최소한 크리스천들이 '예수천국 불신지옥'을 부르짖는 것만은 이해받을 수 있는 것 아닐까요?

예수 그리스도를 믿는다고 하면서 자기 가족에게 지옥에 대해 경고하지 않는 사람이 있다면 그는 둘 중 하나입니다. 지옥을 정말로 믿지 않거나 가족을 사랑하지 않거나.

우리나라에서만 해마다 수천 명이 사고로 죽습니다. 우리 주변에서도 갑작스러운 죽음을 심심찮게 볼 수 있습니다. 이런 상황에서 지옥을 알고도, 아니 믿는다면서 전하지 않는다면 그게 더 이상하고 악한 일 아니겠습니까? 자식이 죽어가는데 약이 너무

쓰다고 안 먹일 부모가 어디 있겠습니까. 본질과 진심을, 말속에 담긴 행간을 읽어야 합니다.

사람들은 말합니다. "자기나 잘 믿지, 왜 날 귀찮게 해?" 그러나 우리가 막상 전하지 않으면 뭐라고 할까요? "지옥이 있다면서 가족이나 친구에게는 알려 주지도 않다니, 저 사람들은 대체 뭘 믿는다는 거야!" 이런 반응을 보일 것입니다.

여러분, 누군가 "예수천국 불신지옥!"이라 외친다면 이렇게 이해해 주십시오. "아, 저 사람은 천국과 지옥이 실제로 존재한다고 믿고 있구나" 하고 말입니다.

내가 왜 '죄인'으로
심판받아야 해?

천국과 지옥보다 먼저 알아야 할 것이 있습니다. 바로 인간의 상태입니다. 인간은 신이 아니며 스스로를 구원할 수 없는 죄인입니다.

왜 평생 경찰서 문턱에도 안 가본 멀쩡한 사람을 '죄인'이라고 하냐며 불쾌하게 생각하는 분들이 있습니다. 법 없이도 살 것 같은 분들도 있어서 그들은 죄인이 아닐 것 같기도 하지요. 하지만 가까이 지내다 보면 누구에게나 결점이 발견되고 죄성이 드러납니다. "털어서 먼지 안 나는 사람 없다"는 속담처럼 모든 사람은 완전하지 않습니다.

이것을 드러내기 위해 하나님은 율법을 주셨습니다. 단 한번도 부모를 거역하지 않은 사람이 있겠습니까? 남을 시기하고 험담하며 미워하고 내 것이 아닌 것을 가지려 하며 하나님을 무시하고…. 이런 일에서 자유로운 사람이 과연 누구입니까. 행동뿐 아니라 마음속으로 저지른 것도 똑같은 죄입니다.

그 정도는 누구나 기본으로 어기는 것이라고요? 하지만 그것을 다 지키는 것이 선하신 하나님의 기준이며 그분이 처음 만드신 인간의 본래 모습입니다. 그 때문에 인간은 회복이 필요한 것입니다. 죄인에서 의인으로 갈아타야 합니다. 거기에 예수님의 피가 필요하고 이로써 사람은 그 영혼이 다시 태어나지요. 물론 육신의 굴레는 그대로 있어서 사람은 죽을 때까지 죄를 짓지만 속사람은 의인이 됩니다. 그에게는 하나님이 발행한 티켓이 있기 때문입니다. 아무리 훌륭하고 유명한 사람도 티켓이 없으면 공연장에 입장할 수 없습니다. 그를 위한 좌석이 없기 때문이지요. 그것이 규정입니다.

마음을 열고 자신을 돌아보십시오. 살아오는 동안 미안했다고 말하고 싶은 사람이 있을 것입니다. 또 '그렇게 행동하지 말걸' 하고 후회할 일도 있을 겁니다. 누구나 '하늘을 우러러 한 점의 부끄러움이 없기를' 바라지만 '잎새에 이는 바람에도 괴로워하는' 것은 우리 안에 양심이 살아 있기 때문입니다.

그럼에도 세상에는 양심 없이 행동하는 이들도 많습니다. 그들의 양심이 때때로 작동하지 않는 것은 성경의 표현대로 '양심을 뜨거운 인두로 지졌기' 때문입니다. '화인 맞았다'고 하는 것입니다. 그처럼 죽은 양심, 죽은 영을 살리는 것은 성령님의 만지심으로 가능합니다. 그제야 비로소 영이 살아나 다시 태어나는 것입니다.

창조자가 세상과 사람을, 즉 자기 창조물을 심판한다는 논리를 이해하지 못하는 이들도 많습니다. 과거에 반기련(반기독교시민운동연합)에서 기독교 반대 광고를 버스에 게재한 적이 있습니다. 가장 결정적이고 설득력 있으며 치명적인 조롱이 담긴 촌철살인의 문구를 선택하기 위해 고심했을 것이 틀림없습니다. 그들은 가장 명석한 과학자 중 한 사람인 알베르트 아인슈타인(Albert Einstein)의 말 중에서 하나를 골랐습니다.

"나는 자신의 창조물을 심판한다는 신을 상상할 수 없다."

그러니까 세상에서 가장 똑똑한 사람이 이렇게 생각한다면 그것이 현명한 철학 아니겠냐고 외쳐 신의 존재를 믿는 이들의 어리석음을 드러내려는 의도였을 것입니다. 그러나 창조물의 심판은 말할 것도 없이 우리의 권한이 아닌 하나님의 주권입니다.

'창조'라는 행위는 사용 목적에 따라 무언가 만드는 것입니다. 특히 자발적으로 만든 창조물에는 창조자의 애정이 담겨 있고 생각이 녹아 있습니다. 만든 자가 창조물에 거는 기대감이 있습니다

다. 그래서 창조물을 완성했을 때 매우 기쁘고 자랑스러우며 사랑스럽지만 잘못 만들었거나 만든 후에 망가지면 아쉬워도 버리거나 사용하지 않습니다.

TV에서 이쑤시개나 젓가락으로 또는 나무를 깎거나 종이를 접어 별의별 물건을 만드는 사람들을 보셨을 겁니다. 그런 작품을 만들기 위한 그들의 애착과 창작열은 대단합니다. 방송국에서 카메라를 들고 찾아가면 그들은 잘된 것만 보여 주려고 애씁니다. 그들 중 누구도 실패한 작품들을 아끼거나 모셔두지 않습니다. 모든 작품에서 성공할 수는 없는 노릇이니 태워버렸거나 분리배출했겠지요. 그것이 바로 창조와 심판의 원리입니다. 고려청자의 장인이 멀쩡해 보이는 도자기도 기준에 미달하면 가차 없이 깨버리는 것과 마찬가지입니다.

그런데 기독교를 싫어하는 사람들은 하나님을 자기 마음에 들지 않는 사람은 멋대로 지옥에 밀어 넣는 신으로 생각합니다. 기독교가 타 종교에 비해 사회에 커다란 폐해를 주는 것도 아니고 가장 많은 기여와 봉사를 하고 있는데, 신이 안 믿어지면 무시하고 가만히 있으면 될 것을, 왜 그토록 나서서 반대하는 걸까요? 무신론자들은, 다른 신은 다 돼도 하나님은 안 된답니다. 심지어 외계인도 우리를 만든 신으로 인정할 수 있지만 기독교의 하나님만은 안 된다고 합니다.

하지만 하나님은 악한 자나 자신을 믿지 않는 이들이라고 해도 그들이 죽기를 바라시지는 않습니다.

"그들에게 이르기를, 주 하나님이 말하노라. 내가 살아 있음을 두고 맹세하노니 사악한 자가 죽는 것을 내가 기뻐하지 아니하며 오히려 그 사악한 자가 자기 길에서 돌이켜 사는 것을 기뻐하노라. 오 이스라엘의 집아, 너희는 돌이키라. 너희는 너희의 악한 길들에서 돌이키라. 너희가 어찌하여 죽고자 하느냐? 하라"(에스겔 33:11).

하나님은 인간의 사사로운 죄 때문에 그들을 지옥에 보내시는 것이 아닙니다. 그렇게 하신다면 마치 수영대회를 열어놓고 몸에 물이 묻으면 실격으로 처리하는 것과 다를 바 없는 불공정한 일이 될 것입니다. 즉, 인간들이 순전히 자기 잘못으로 처음부터 이런 죄의 몸을 받은 것이 아니기 때문입니다. 그럼 하나님께서 사람을 지옥에 보내시는 것은 어떤 경우일까요?

"그분께서 오셔서 죄에 대하여, 의에 대하여, 심판에 대하여 세상을 꾸짖으시리라. 죄에 대하여라 함은 그들이 나를 믿지 아니하기 때문이요"(요한복음 16:8-9).

'믿지 않음'이 지옥에 가는 유일한 죄입니다. 하나님을 싫어하는 자를 하나님이 없는 곳으로 옮겨 주는 것은 당연한 일 아닙니까? 지옥에는 하나님이 없습니다. 그토록 경멸했던 크리스천들도 없습니다. 그러므로 그것은 가혹한 일이 아니라 거부하는 자의 희망사항을 들어주는 것입니다. 사람이 자유의지로 좋은 결정을 하든 나쁜 결정을 하든 존중받도록 창조되었기 때문입니다. 어느 날 어떤 사람이 지옥에 갔다면 그날은 그의 평생소원이 이루어진 날일 것입니다.

요즘 사람들은 겁 없는 말을 참 잘도 합니다.

"(악마에게) 내 영혼을 팔아서라도 널 죽일 거야."
"신이시여, 아무개 죽이고 지옥 가겠습니다."

이런 말들이 드라마 대사에도 나오는 등 강한 의지의 표현으로 종종 사용됩니다. 지옥이 그리 만만한 장소일까요?

로봇의 설계자가 오작동하는 로봇을 그대로 두는 것이 잘하는 것입니까? 상대성이론을 생각해 냈지만 하나님을 제대로 알지 못했던 아인슈타인을 믿습니까? 그러나 이는 마치 숙제를 안 한 소년이 불안한 마음으로 자기처럼 숙제 안 한 친구를 찾다가, 여럿을 찾으면 배짱이 생겨 같이 몸으로 때우려는 것과 비슷합니다. 반장이거나 우등생인 친구도 숙제를 안 했다고 하면 더욱 배짱이 두둑해지는 것과 같습니다.

"때가 이르리니 그들이 건전한 교리를 견디지 못하며 귀가 가려워 자기 욕심대로 자기를 위해 선생들을 쌓아 두고 또 진리로부터 귀를 돌이켜 꾸며 낸 이야기들로 돌아서리라"

(디모데후서 4:3-4).

아인슈타인은 그들처럼 숙제를 안 한 동료 우등생인 동시에 반장이자 선생입니다. 그러나 애써 외면했던 '창조물을 심판하는 신'으로부터 '그날'이 임할 것입니다. 그때는 연합한 자들과 함께 한다 해도 전혀 덜함이 없는 고통 속에서, 하나님의 빛이 없는 곳에 영원히 머물러야만 합니다. 그러므로 지금이 기회입니다.

게다가 지옥은 하나님께서 인간들을 밀어 넣기 위해 만드신 곳이 아닙니다. 예수님은 지옥이 타락한 마귀들을 위해 만든 장소라고 하셨습니다.

"그때에 그가 왼편에 있는 자들에게도 이르되, 저주를 받은 자들아, 너희는 내게서 떠나 마귀와 그의 천사들을 위하여 예비된 영존하는 불에 들어가라"(마태복음 25:41).

마귀와 그의 졸개들을 위해 예비된 곳이 지옥입니다. 마귀는 사람들을 속여 자기의 거처로 데려가는 것이고, 마귀에게 속아 구원자 예수 그리스도를 믿지 않는 사람들은 천국에 갈 수 없으므로 자연히 지옥에서 대가를 치르는 것입니다. 그것이 심판입니다. 다른 갈 곳은 없습니다.

첫 아담과 둘째 아담

아담을 통해 인류에게 들어온 죄는 우리 모두를 죄인으로 만들고 말았습니다. 그러나 불신자들이 흔히 알고 있는 '원죄'는 성경에 등장하는 단어도 아니며 개념도 적확하지 않습니다. 사람은 아담의 죄 때문에 지옥에 가는 것이 아니라 자기 죄 때문에 가는 것입니다. 죄를 하나도 짓지 않는다면 아담의 후손이라도 지옥에 갈 이유가 없으니까요. 다만 아담으로 인해 피가 부패되고 죄가 세상에 들어왔으므로 그를 조상으로 둔 모든 사람은 그 죄를 지을 수밖에 없다는 점에서 원죄의 개념에 일리가 있는 것입니다.

예수 그리스도를 아담으로 표현한 성경구절이 있습니다.

"그러므로 기록된바, 첫 사람 아담은 살아 있는 혼이 되었더라, 함과 같이 마지막 아담은 살려 주는 영이 되셨느니라. 그러나 영에 속한 것이 첫째가 아니요, 본성(肉)에 속한 것이 첫째며 그 뒤에 영에 속한 것이니라. 첫째 사람은 땅에서 나서 땅에 속하거니와 둘째 사람은 하늘로부터 나신 주시니라"(고린도전서 15:45-47).

둘째 아담, 즉 예수님은 첫째 아담이 지은 죄를 해결해서 생명을 줄 사람이라는 것입니다. 반역자의 자식이라도 왕의 자손으로 신분을 바꿀 수 있다면 그는 살 것입니다. 누군가 거액을 주고 노비를 해방시키면 그와 그의 자손이 더는 노비가 아니듯, 예수님이 피로 그 값을 지불하고 사 주신 것입니다. 하나님의 '속죄의 룰(rule)'은 짐승의 피로 죄를 덮을 수 있다는 것과 친족인 사람의 피, 그것도 죄 없는 사람의 피로 영원히 죄를 없애 주신다는 것입니다.

"네 옆에 머무는 자나 타국인은 부유하게 되고 그 옆에 거하는 네 형제는 가난하게 되어 네 옆의 머무는 자나 타국인에게나 혹은 타국인 가족의 가문에게 팔리면 팔린 뒤에 그를 다시 속량할 수 있나니 그의 형제들 중의 하나가 그를 속량할 것이니라. 그의 삼촌이나 삼촌의 아들이 그를 속량하거나 그의 가족 중에서 그에게 가까운 친족은 누구든지 그를 속량할 것이요, 또는 그가 능력이 있으면 자기를 속량하되"(레위기 25:47-49).

구약시대의 여러 제사 중에 죄를 씻는 것은 양의 피를 뿌리는 제사입니다. 그러나 신약시대에는 어린양으로 예언된 죄 없으신 예수님이 딱 한 번 희생제물이 되심으로 더는 피의 제사를 드리지 않아도 되게 해주셨습니다. 단, 그를 믿고 그와 함께 십자가에 못 박혀, 포도나무 되신 그분에게 가지로 연결된 자들에 한해서 말입니다. 온전한 나무인 그리스도에게 접붙여져 죽어가는 나무들이 생명을 얻어 그와 형제가 되고 하나님 아버지의 양자가 되는 이치입니다. 이에 대해서는 뒤에서 더 알아보도록 합니다.

내가 왜
믿어야
하죠?

02

내가 왜
믿어야
하죠?

기독교가
과학적
이라고?

기독교가 일개 종교라고만 생각하십니까?
과학적 사실들을 통해 하나님의 실존을 말하는
기독교의 논리가 허무맹랑한 것인지 따져봅니다.

믿어도 안 믿어도,
진짜는 진짜다!

여러분은 생명의 근원에 대한 해답, 즉 모든 것이 어디에서 왔느냐는 물음에 가능한 대답이 딱 두 가지밖에 없다는 사실을 아십니까?

1번: 모든 것은 차원이 다른 어떤 존재에 의해 창조되었다(창조론).
2번: 모든 것은 저절로 생겨나고 저절로 다른 종으로 변해 우주와 갖가지 동물과 식물이 되어 지금에 이르렀다(진화론).

저는 이 문제를 생각할 때마다 참 신기합니다. '어떻게 이 두 가지 가능성밖에 없는 걸까' 하는 생각이 들기 때문입니다. 가만히 생각해 보십시오. 외계에서 모든 것이 왔다고 가정하면 그 외계인은 어디에서 왔느냐는 질문이 생기므로 궁극적으로는 2번을 지지하게 됩니다. 해답은 우리가 알 수 없다는 '불가지론'도 '그냥 저절로 생겨났다'는 답과 비슷한 것입니다. 증거나 과정은 모르지만 우주대폭발로 생겨났다든지 하는 이야기들도 결국 그 대폭발 이전에는 무엇이 있었느냐는 질문이 끝없이 이어지기 때문입니다. 결국 1번과 1번을 제외한 모든 것이 남습니다.

여러분은 묻고 싶을 것입니다. 그렇다면 1번인 '창조론'의 증거를 보여줄 수 있느냐고 말입니다. 물론 크리스천들에게는 과학적으로나 성경적으로 직간접적인 증거가 많습니다. 하지만 창조의 시간으로 직접 가 볼 수는 없으니 인정하지 않으실 겁니다. 그러므로 우리는 창조론을 '믿는' 자들임을 인정합니다.

그렇다면 2번을 선택하신 분들은 어떤 이유 때문에 믿는 것일까요? 2번을 선택한 것도 바로 '믿음'입니다. 1번은 종교이고, 2번은 과학이라고요? 아닙니다. 2번도 믿음을 수반하지 않고는 해결할 수 없는 상상의 결과입니다. 그러므로 우리는 둘 다 믿음이라는 것을 인정해야 합니다. 어떻게 이런 완전한 50:50, 흑과 백, OX식의 질문이 되었을까요.

그런데 2번을 택하는 사람들 중에는 뭔가 믿을 만한 부분이 있어서 택하는 이들도 있지만 1번이 아니라고 생각될 때, 즉 1번을 택하기 싫을 때 2번을 고르기도 합니다. 완전한 흑과 백이라 다른 가설이 없기 때문입니다. 진화론자인 데이비드 왓슨(David M. S. Watson)은 이런 말을 했습니다.

"진화론(2번)은 동물학자들에게 받아들여지고 있다. 그 이유는 진화가 일어난 것을 관찰하였거나 혹은 믿을 만한 간접적 증거들에 의해 입증될 수 있기 때문이 아니라 오직 다른 대안인 특별 창조론(1번)을 받아들일 수 없기 때문이다."

그는 진화론이 입증될 수 없는 학문이라고 했습니다. 하지만 다른 대안이 창조론뿐이므로 어쩔 수 없이 진화를 받아들인다고 했습니다. 마치 남은 학점을 따야 졸업할 수 있지만 해당 학과의 담당교수가 맘에 안 들어 자퇴해 버리는 학생과 같습니다. 천국에 가고 싶지만 천국의 주인이 맘에 안 들어 지옥에 가겠다는 것이나 마찬가지입니다.

1967년에 과학 분야의 노벨상을 수상한 조지 월드(George Wald)의 이야기도 있습니다.

"생명의 기원에 대해 언급할 때, 우리에게는 단 두 개의 가능성만이 있다. 창조(1번) 혹은 우연 발생(진화, 2번). 이 외의 또 다른 가능성은 있을 수 없다. 자연발생은 이미 100년 전에(파스퇴르에 의해) 가능성이 없는 것으로 판정이 났으므로 초자연적 창조라는 단 하나의 결론만이 남게 된다. 그러나 우리는 개인적 이유, 특히 철학적인 이유 때문에 그것을 받아들일 수 없다. 그러므로 우리는 불가능한 것을 믿기 원하며 그것은 바로 생명이 우연히 발생했다는 것이다."

학자답게 생명의 자연발생은 불가능하다는 사실을 인정하는군요. 그런데 그 불가능한 것을 믿겠다고요? 과학적인 문제를 철학적인 이유로 믿지 않는다는 것은, 2 더하기 2는 4이지만 '4'자가 불길하니 답을 3으로 적겠다는 것과 무엇이 다릅니까. 그러나 '2+2=3'으로 적어도 답이 4라는 사실은 변하지 않습니다.

이런 초콜릿 광고가 있었습니다. 인기 아이돌 그룹이 윗옷을 다 벗은 채 광고판에 서 있습니다. 사람들이 합성사진 아니냐며 배의 근육을 만져 봅니다. 그때 갑자기 사진 속 멤버들이 움직이며 "진짜예요~"라고 말하자 다들 놀라는 내용입니다. 진짜 초콜릿이라는 것을 강조하는 이 광고에는 이어서 이런 멘트가 나옵니다.

"믿어도 안 믿어도, 진짜는 진짜다!"

진짜는 진짜고 가짜는 가짜입니다. 진짜를 가짜로 믿어도 달라질 것이 없고, 가짜를 진짜로 믿어도 달라지는 것이 없습니다.

"그런데 어떤 자들이 믿지 아니하였으면 어찌하리요? 그들의 믿지 아니함이 하나님에 대한 믿음을 무효로 만들겠느냐?"

(로마서 3:3).

누가 자기만의 신을 선택해서 있다고 믿으면 있고, 없다고 믿으면 없는 것인가요? 그것이 인간의 마음에 달린 것일까요? 신이 있으면 있는 것입니다. 그리고 참된 신이라면 그는 다른 신을 허락하지 않는 유일한 신일 것입니다.

그 때문에 중요한 것은 진짜를 찾는 것이지, 내가 무엇을 선택해서 믿는가가 아닙니다. 점심에 짜장면을 먹을지 짬뽕을 먹을지는 나에게 중요할 수 있지만 그 때문에 큰 해를 입지는 않습니다. 하지만 크고 중요한 문제일수록 잘못된 선택을 할 경우에 피해가 커집니다. 어떤 대통령을 뽑을까, 어느 대학에 갈까, 어떤 사람과 결혼할까 등등. 중요한 문제일수록 답의 범위는 좁아지고 선택에 따라 영향도 커집니다.

다행히도 천국과 지옥, 창조와 진화는 답이 극명하게 흑과 백입니다. 선택할 때 갈등할 필요가 없는 제로섬 게임입니다. 그 대신 잘못 골랐을 때는 모든 것을 잃으며 변명의 여지가 없게 됩니다.

안 믿는 것도 '신앙'이다

현대 공상 과학의 가장 인기 있는 저술가 중 한 사람인 아이작 아시모프(Isaac Asimov) 역시 진화론자이며 무신론자입니다. 1992년에 사망한 그의 많은 작품들이 영화화되었는데, 〈아이 로봇〉, 〈바이센테니얼맨〉 같은 것이 잘 알려져 있습니다. 전 세계의 주목을 받은 두 발로 걷는 일본의 첨단 로봇 '아시모'의 이름이 그의 이름에서 온 것만 보아도 아시모프의 영향력을 짐작할 수 있습니다. 여기 그의 사상을 알 수 있는 고백이 있습니다.

"나는 철저한 무신론자다. 내가 이렇게 말하기까지는 오랜 시간이 걸렸다. (중략) 결국 나는 이성의 피조물이 아니라 감성의 피조물이라고 결정했다. 나는 하나님이 존재하지 않는다는 것을 입증할 증거를 갖지 못했다. 그러나 나는 그가 존재하지 않는다고 강하게 느꼈다. 그래서 나는 더는 나의 시간을 낭비하지 않기로 했다."

이 고백을 보면 하나님의 존재를 증명하는 것보다 그분의 부재를 증명하기가 훨씬 더 어렵다는 것을 알 수 있습니다. 분명한 것은, 그들이 하나님을 거부하고 부인하는 이유는 하나님이 없다는 것을 '증명할 수 있기' 때문이 아니라 그분이 없다고 '믿기' 때문이라는 사실입니다. 이성적인 판단이 아니라 감성적인 판단을 할 수밖에 없다는 말입니다. 그러나 하나님이 실존하신다면 세상에서 이처럼 어리석은 일은 없으며 엄청나게 큰 대가를 치르기 전에 잠시 도피하는 것에 불과합니다.

진화론에서는 신이 무에서 유를 창조했다는 성경 기록도 못 믿지만 우주의 기원에 대해서도 설명할 수 없다고 말합니다. 그나마 가장 많이 받아들여지는 것이 우주대폭발, '빅뱅설'입니다. 아시다시피 달걀만 한 그 무언가에 전 우주와 생명체의 요소들이 들어 있다가 어느 순간 폭발하여 지금까지 팽창하고 있다는 이론이지요. 이는 지금도 우주가 팽창한다는 사실에서 비롯된 가설일 뿐이고 많은 과학자들도 회의적으로 보는 하나의 가설에 지나지 않습니다.

모두가 기정사실로 받아들이는 빅뱅설을 무시한다고 생각하시나요? 그러나 이 시대의 가장 위대한 물리학자로 꼽히는 스티븐 호킹(Stephen W. Hawking) 박사는 그 자신이 불가지론자임에도 불구하고 사망 전에 이렇게 말했습니다.

"빅뱅처럼 뭔가 갑자기 일어났다는 우주에 관한 논쟁으로는 승산이 없다. 우주의 기원에 관해 논할 때마다 나는 분명히 거기에 종교적인 것이 내포되어 있다고 생각한다. 분명 거기에는 종교적인 것이 있어야만 한다. 그러나 대부분의 과학자들은 종교적인 것에서 벗어나기를 원하는 것 같다."

우리는 인정해야 합니다. 여러분과 저를 포함한 모든 사람에게는 '편견'이 있으며 '믿음'에 따라 신념을 갖는다는 사실을 말입니다. 흔히 창조와 진화의 대립을 과학과 종교의 마찰로 보고 서로 다른 분야이므로 싸울 필요가 없다고 말하기도 합니다. 실제로 가톨릭의 교황은 물론이고 개신교 목사들 중에도 진화론과 신앙이 양립할 수 있다는 궤변을 펴는 이들이 있습니다. 여러분이 기독교에 관심이 생긴다 해도 이런 교회는 절대 가서는 안 됩니다.

창조와 진화의 싸움은 신앙과 신앙, 즉 '믿음 대 믿음'의 대립이라는 것을 잊지 마십시오. 진화론은 증거로 이루어진 학문이 아니라 가설을 믿는 믿음의 체계입니다. 어떤 면에서는 하나님을 믿는 이들보다 더욱 강한 믿음을 소유한 사람들이 바로 진화론자들일 수 있다는 것입니다. 지금은 과학 만능 시대처럼 보이지만 실상은 자유로운 과학 정보 공개가 이루어지지 않고 있습니다. 창조와 진화, 양쪽의 견해를 모두 들어보고 결정할 수 있는 권리가 모든 이에게 주어져야 할 때입니다.

인간의 두려움이
종교를 만들었다?

사람들은 "인간의 두려움이 종교를 만들었다"고 말합니다. 어둠에 대한 두려움이 귀신과 영적 존재를 상상하게 만들었고, 죽음에 대한 공포가 다음 세상에 대한 기대를 낳아 천국과 지옥 등의 심판 장소를 꾸며냈으며, 그곳의 통치자인 신과 악마를 만들어냈다는 것입니다. 또 그런 것들을 통치자가 악용해 피지배자들을 다스리는 도구로 활용해 왔다고 합니다.

이런 개념은 진화론에도 적용됩니다. 생물을 관찰해 보니 비슷비슷하고 모양이 변하는 것으로 보아 무언가에서 갈라져 나와 발전되고 변화되어 오늘에 이르렀다고 생각하여 '진화'라는 가설을 만든 것입니다.

저의 지인 중 한 분은 신혼 때부터 가끔 결혼식 때 촬영한 동영상을 보았다고 합니다. 그런데 그 선배의 아들이 네댓 살이 되었을 때 동영상을 틀자 아이가 그것을 유심히 지켜보더랍니다. 선배는 아이가 어떻게 하나 보려고 이렇게 말했습니다.

"어, 저기 엄마 아빠 다 있네. 할머니, 할아버지도 있고… 근데 우리 아들이 없잖아. 넌 왜 저기 없어?"

그러자 아이가 잠시 당황하더니 금방 둘러댔다고 합니다.

"응~ 나는 그때 쉬 마려워서 잠깐 화장실 갔었어."

우리가 사물을 파악하고 유추해 내는 것도 때로 이 아이와 같은 수준이 아닐까 생각해 봅니다. 창조세계에 대해 인간이 밝혀낸 것은 극히 미미합니다. 그나마 축적된 정보를 통해 이만큼이나마 알게 된 것이지요. 누군가 가르쳐주지 않으면 지금 알고 있는 것들을 어떻게 알 수 있겠습니까. 이처럼 여러분도 인생과 종교와 내세와 그 많은 것들을 자신의 지식과 경험의 프리즘을 통해 간단히 결론짓고 그대로 믿어버리고 있지는 않은가요?

과학이 뒷받침하는 '창조'

　　　　　　성경은 지금부터 약 6천 년 전, 단 6일 동안에 모든 세계가 창조되었다고 말씀하고 있습니다. 진화론이 우주의 나이 137억 년 이상, 지구의 나이 46억 년 정도를 말하는 것과는 엄청난 차이가 납니다. 6천 년이라는 기간은 제임스 어셔(James Ussher)라는 사람이 성경 인물들의 나이를 계산해서 추정한 것으로, 여기에 약간의 변수는 있을 수 있지만 지구의 나이는 아무리 길어도 1만 년보다는 훨씬 짧다고 볼 수 있습니다.

　지구의 생성 연대가 짧다는 것을 보여 주는 증거들 중 인구의 증가 속도가 있습니다. 인류의 평균 인구 증가율은 매년 0.5%입니다. 이것을 거꾸로 계산해 보면, 출산이 가능한 3쌍의 부부가 현재의 전 세계 인구에 다다르기 위해서는 단지 4천여 년밖에 걸리지 않습니다. 3쌍의 부부는 4천여 년 전 발생한 대홍수에서 살아남은 노아의 여덟 식구 중 출산이 가능한 세 아들 부부를 가리

킵니다.

진화론에서는 인간의 실마리가 100만 년 전이라고 하지만, 한 쌍의 인류가 100만 년 동안 매년 0.5%씩 증가한다면 현시대의 인구는 상상할 수 없을 정도의 숫자인 10의 2,100승이 됩니다. 1에 0이 2,100개 붙은 이 숫자는, 사람이 개미 크기가 되어 우리가 관측한 우주 공간을 다 점령해도 발을 디딜 수 없게 되는 어마어마한 숫자입니다.

지구가 도는 속도는 지구에 대한 태양과 달의 중력과 저항력 등의 원인으로 점차 느려지고 있습니다. 그런데 너무 긴 시간을 거슬러 올라간다면 지구는 너무 빨리 돌아 사람이 살 수 없는 상태가 됩니다. 지구에 유입되는 유성먼지, 즉 운석의 가루도 46억 년이라는 긴 세월 동안 쌓였다면 높이가 16m 정도 되었을 것입니다. 그런데 지구상에는 그런 곳이 없으니 이 또한 지구가 젊다는 증거가 됩니다.

잘 알려진 노아의 대홍수 이야기가 창세기 6장에 나오는데, 세계의 고대국가는 모두 대홍수의 전설을 가지고 있습니다. 중국, 아메리카 등 곳곳에 35개 이상의 뚜렷한 홍수 전설과 석판화 등이 남아 있습니다. 단순한 홍수의 전설이 아니라 성경에 나오는 것과 거의 흡사한 디테일이 살아 있는 이야기가 많습니다.

대홍수로 모든 사람이 죽고 노아의 세 아들이 다시금 인류의 기원이 되었는데 이것은 세계 모든 문명의 발상 시점인 4,400여 년 전으로, 각 민족의 태동 시점과 일치합니다.

40일 동안 쉬지 않고 내린 비는 물샘의 물과 함께 온 지구를 150일 동안 뒤덮었는데, 이렇게 많은 비는 오늘날에는 올 수 없는 양입니다. 이런 대격변은 단기간에 그랜드캐니언 같은 많은 협곡을 만들었고 전 세계에 단층과 지층을 만들었습니다. 단 하루 만에 협곡이 만들어지고, 몇 시간 만에 많은 지층이 생겨날 수 있음을 1984년 미국의 세인트헬렌스화산 폭발 등 지구 곳곳의 자연이 보여주고 있습니다.

성경에 기록된 방주가 멈춘 지점은 터키와 이란과 아르메니아 접경인 아라라트산입니다. 이곳에서 방주나 방주의 잔해를 목격했다는 사람은 수백 명이나 됩니다. 방주의 자세한 구조를 목격한 후 증언한 사람도 있었고, 기록으로 남긴 사람들도 있었습니다. 이상하게도 그 증거들은 점점 사라지고 있는데, 성경이 입증되는 것을 싫어하는 사람들의 소행일 수도 있지만 하나님도 끝까지 방주를 드러내지 않으실 수도 있다고 봅니다. 하나님은 믿음을 보시는 분이기 때문입니다.

120년 동안 지어진 방주는 축구장보다 폭은 좁고 길이는 더 길며 높이는 5층 건물 정도입니다. 거기에는 당시 존재했던, 다양하게 분화되기 전의 동물을 모두 최소한 한 쌍씩은 태울 수 있었고, 1년 동안 충분히 버틸 수 있었습니다. 또한 성경에서 하나님이 명령한 크기로 지은 방주는 매우 안전한 구조로 설계되어 있습니다. 실험해 본 결과 거센 풍랑에도 거의 뒤집힐 수 없는 배라는 것이 밝혀졌습니다. 즉, 노아의 방주는 현대의 배들보다 훨씬 안정적이었다는 것입니다.

사람들을 잘 살펴보십시오. 사람은 한 종류입니다. 동물과 피를 나눌 수 없습니다. 지구촌 오지에서 문명의 혜택 없이 살아가는 원주민을 무시하십니까? 그러나 혈액형이 맞으면 그의 헌혈로 당신이 목숨을 건질 수도 있습니다. 반면 자식처럼 정성들여 키우는 애완견 10마리가 희생돼도 여러분을 살릴 수는 없습니다. 진화론이 맞는다면 인간은 누구로부터 진화되어 언제부터 피가 달라진 것일까요? 성경은 모든 민족이 한 피로 만들어졌다고 이미 2천 년 전에 기록하고 있습니다.

"또 그분께서 사람들의 모든 민족들을 한 피에서 만드사 온 지면에 거하게 하시고 미리 정하신 때와 그들을 위한 거주의 경계를 정하셨으니 이것은 그들이 혹시라도 주를 더듬어 찾다가 발견하면 그분을 구하게 하려 하심이라. 그러나 그분은 우리 각 사람으로부터 멀리 떨어져 있지 아니하니 이는 우리가 그분

안에서 살며 움직이며 존재하기 때문이라. 너희의 시인들 중의 어떤 사람들도 이르되, 우리 또한 그분의 후손이라, 하였나니"

(사도행전 17:26-28).

인류는 한 사람으로부터 그리고 다시 노아의 세 아들로부터 출발했습니다. 그들은 각 방향으로 흩어져 나가 세계인이 되었고, 그들의 유전인자는 오늘날까지 다양화되어 신체적 특징으로 강조되었습니다. 바로 흑인과 백인, 황인이 존재하는 이유입니다. 그러나 대륙과 민족의 경계가 무너진 지구촌 시대인 현대에는 인종을 구분할 수 없는 사람들도 매우 많습니다. 혼혈인이 두세 단계만 지나면 그 흔적이 사라지기 때문입니다.

사람들은 이미 오래전에 철학을 통해 '결과는 그 원인보다 클 수 없다'는 사실을 알아냈습니다. 모든 결과에는 원인이 있으며, 그 원인은 양적으로나 질적으로 결과보다 더 크다는 사실입니다. 그런데 진화론에서는 어떻게 말합니까. 먼지보다 작은 무언가가 있었고 거기에서 서서히 생명이 시작되어 발전을 거듭해 오늘에 이르렀다고 합니다. 이것이 이치에 맞는 이야기일까요? 이는 원인과 결과의 법칙에 위배됩니다. 원인이 점점 작아지기 때문입니다.

과거로 거슬러 올라간다면 거기에는 무엇이 있을까요? 그 어마

어마하게 커진 원인의 원인의 원인이 있어야 하므로 아마도 끝없이 이어질 것입니다. 그래서 맨 처음 시작점에는 가장 큰 '최초의 원인'이 있어야만 합니다. 그 자체가 어떤 일의 결과가 아닌 진짜 원인 말입니다. 그 원인이 먼지나 미생물이었다고 주장하는 것은 어리석은 일입니다. 그런 것은 너무나 미미하기 때문에 원인이 될 수 없고 그 자체가 이미 어떤 일의 결과물에 불과하기 때문이지요.

무에서 유를 만든 만물의 창조. 그것이 어떤 형태이든 존재해야만 근본적 이치에 맞는 일이며, 세상을 납득시킬 수 있습니다. 성경에서 말씀하는 신인 하나님은 스스로 존재하는 분이며 모든 것이 있기 전에 존재하신 분입니다. 모든 것은 소멸되고 노화되며 그 힘이 빠집니다. 그것이 과학과 자연의 이치입니다. 움직이는 인형의 태엽을 감아 놓듯이 처음 시작된 지점이 있었음을 증명하는 것입니다.

진화의 증거는
왜 거짓말투성이일까?

인류는 정말 원시인에서 시작되었을까요? 오스트랄로피테쿠스니 네안데르탈인이니 하는 인류의 조상들이 허구이며 거짓말이라는 것을 알고 있었습니까? 교과서에 거짓말이 실리는데 왜 분개하지 않으십니까? 유명했던 말의 화석 계열도, 에른스트 헤켈(Ernst Haeckel)이 조작한 배아발생 등도 모두 허위이거나 조작된 것입니다. 진화의 대명사인 시조새도 이미 1980년대에 진화론 학자들 스스로 포기한 근거 없는 화석이거나 그나마 두 건은 조작이었습니다.

오늘날 라마피테쿠스의 뼈 조각들은 오랑우탄으로, 오스트랄로피테쿠스의 뼈는 어린 원숭이의 화석으로, 네브래스카인은 야생돼지로, 자바원인은 긴팔원숭이로, 베이징원인의 두개골은 원숭이의 것으로, 네안데르탈인은 매우 장수했던 성숙한 사람들로 밝혀졌으며, 하이델베르크인, 크로마뇽인도 완전한 사람으로 간

주됩니다. 이런 사실들이 드러나자 과학 교과서에서는 빠졌지만 사회나 역사 과목으로 옮겨져 선사시대의 역사로 가르쳐지고 있습니다.

  1910년대에 찰스 도슨(Charles Dawson)이 발견했다는 '필트다운인'의 뼈는 인간의 두개골 파편과 원숭이의 뼈 등을 조각하고 도색하는 범죄를 통해 인류의 조상으로 전파됐습니다. 영국에서는 엄청난 돈을 들여 박물관 건립까지 기획했지만 방사성 불소실험 등에 따라 사기극임이 밝혀지기도 했습니다.

  사람들은 대체로 인류의 지식이나 지혜가 갈수록 나아진다고 생각하여 오래전의 인류는 짐승처럼 일차적 본능만을 지닌 미개한 사람이었을 거라고 판단합니다. 하지만 그렇지 않습니다. 모든 것이 쇠퇴하고 훼손되듯 인간도 마찬가지입니다. 현대의 첨단 과학 기계와 무기 등은 총명과 지혜로 만들 수 있는 것이 아니라 정보와 기술의 오랜 축적과 노하우가 필요한 일입니다.

  고대 마야인들의 수학 지식은 거의 오늘날의 수준이었음이 밝혀졌고, 피라미드의 수학적 정교함도 그것이 계산된 것임을 알아내기 전까지는 우연에 의한 것으로 간주되었습니다. 70만 년 이상 뭉툭한 돌을 사용했다는 구석기시대. 그런데 어떻게 구석기 유적인 유럽의 라스코동굴에서 수백 개의 벽화가 발견되었을까요? 그 그림들은 형태와 구성, 컬러가 너무나 뛰어나서 미술의 거장 피카소(Pablo Picasso)조차 그것을 보고 "인류는 발전한 것이 없다!"고 말했을 정도입니다. 뗀석기니 간석기니 하는 미개해 보이는 석기시대의 흔적들은 노아의 홍수 후에 있었던 바벨탑 사건을 통해 사람들이 폐허를 따라 흩어지면서 이동한 일시적인 흔적일 뿐입니다.

저는 지금 진화론 진영의 과학자들은 모두 거짓말쟁이라는 이야기를 하는 것이 아닙니다. 진화론의 기본 가설과 출발이 잘못되어 있음을 말하는 것입니다. 동식물의 구조가 얼마나 정교한데 그런 마구잡이식의 돌연변이 진화가 가능하다는 것입니까. 동식물은 같은 종류 안에서 다양한 모습으로 분화된 것뿐입니다.

사자와 호랑이의 잡종인 라이거(liger), 또 말과 당나귀의 잡종인 노새 등은 인간이 인위적으로 교배한 것이며 그나마 종이 근접했기 때문에 가능한 것들입니다. 그러나 그들은 불임 상태로 태어나므로 대를 잇지 못하고 끝이 납니다. 그 이상의 진화는 불가능하다는 뜻입니다. 그래서 성경의 창세기에는 '종류대로' 창조되었다는 말씀이 여러 번 등장합니다. 이 종류의 개념은 생물학에서 말하는 종(species)이 아니라 종류(kind)를 뜻합니다. 인간이 여러 모습으로 땅에서 다산하고 번성했듯이 동물도 여러 모습으로 나뉘고 분화되었습니다. '종류'란 생물 분류법상 과(科, Family)나 강(綱, Class) 정도에 해당합니다.

공룡도 오래전에 멸종된 것이 아닙니다. 공룡은 현대에도 간혹 잡히기 때문에 희귀할 뿐 완전히 멸종되었다고 할 수 없습니다. 불과 2천 년 전 문명인 멕시코 아캄바로의 고대 바르티아유적에서도 공룡조각상들이 출토되었는데, 현대에 그려진 삽화들보다도 더욱 정확하게 소조되어 있었습니다. 공룡은 19세기에 화석으로 처음 발굴된 동물로 알려져 있지만 고대 사람들이 보지도 않은 동물을 어떻게 만든단 말입니까?

한편 세계 곳곳의 지층들에서 무수히 많은 공룡과 완전한 인간이 함께 다닌 발자국이 발견됩니다. 또한 공룡은 성경에도 여러 번 등장하는데, 성경에 나오는 용은 공룡(dragon)이며 다이노소어(dinosaur)라는 말, 즉 '공포의 도마뱀'이라는 말은 인류가 공룡을 화석으로 처음 만난 뒤에 만들어진 신조어입니다.

지구상에는 2억 5천만 점 이상의 화석이 존재합니다. 이로써 과거에 존재했던 거의 모든 개체들을 보여 줍니다. 그러므로 만일 생물이 진화했다면 그 '중간 형태'의 모습이 반드시 있어야 합니다. 예를 들어 새가 포유류로 진화했다는 가설을 입증하려면 새와 짐승의 화석뿐 아니라 새가 짐승이 되는 과정의 모습이 더 많이 있어야 한다는 것입니다. 그러나 이런 종류의 화석은 단 한

점도 없다는 것을 기억하십시오. 그래서 중간 종의 화석을 '잃어버린 고리(missing link)'라고 부르는 것입니다.

진화론은 지극히 단순한 비상식적 가설입니다. 그런데도 사람들이 그것을 따르는 이유는 간단합니다. 앞서 살펴보았듯이, 창조론을 믿기 싫으면 자동으로 진화론을 선택할 수밖에 없기 때문이지요.

우리는 우연히 던진 돌들로 건축물이 완성되기를 기대할 수 없습니다. 이것이 자연의 법칙입니다. 우연을 전제로 하는 과학은 없습니다. 사람들은 자연에서 많은 비밀을 발견하고, 그것의 원리를 하나하나 찾아내고 모방해 과학에 응용합니다. 그러나 비밀은 숨긴 자가 있어야만 형성됩니다. 보물찾기 게임을 하려면 누군가 먼저 가서 곳곳에 보물을 숨겨 놓아야 하는 것처럼 말입니다.

창조과학 이야기들은 너무나 방대하기 때문에 일일이 언급하기가 쉽지 않습니다. 그러므로 과학에 관심이 있으시다면 관련서적들을 통해 직접 접해 보시기 바랍니다.

03

내가 왜
믿어야
하죠?

성경이 사실이라는 증거를 보여줘!

어느 종교에나 경전은 있는 법인데
기독교의 경전인 성경이 왜 하나님의 말씀이라는 건지,
왜 내용상 오류가 없다고 하는지 알아봅니다.

성경은 일관되며
조작 의도가 없다

성경을 믿는 수많은 사람들에 대해 어떻게 생각하십니까? 어쩌면 자기들만의 신앙심으로 택한 종교의 경전을 받아들이려고 노력하거나, 말도 안 되는 이야기들을 진짜라고 주장하는 이상한 사람들 정도로 생각할지도 모르겠습니다.

그러면 우선 성경의 진실성을 판단하기 위해 일반적인 재판의 사례를 살펴봅시다. 최근 정치인들을 재판한 결과를 보면 새로운 경향이 나타나고 있습니다. 그것은 '물증이 없는 사례'를 판단하는 경우에 관한 것입니다.

기업인 김 회장이 정치인 박 의원에게 정치자금을 줬다, 안 줬다 공방하는데 물증이 없습니다. 김 회장은 줬다고 하고, 박 의원은 안 받았다고 합니다. 몇 달 후 재판부는 결국 '박 의원이 돈을 받았다'라고 판결을 했는데, 다음과 같은 점을 중시한 결과였습니다.

첫째, 김 회장의 진술이 오락가락하지 않고 일관성이 있는가. 즉 여러 각도로 묻고, 시간이 지난 후에 물어도 똑같은 답변이 계속된다면 꾸며낸 것이 아닐 확률이 높습니다. 또한 진술에 자세한 기억이 있고, 세세한 주변 상황이 일관되게 진술되면 신빙성이 높다는 것입니다.

둘째, 위 진술이 다른 상황들에 비추어 볼 때 거짓이 없는가. 예컨대 돈을 주었다고 한 날 박 의원 가족 계좌의 변화라든지, 심부름을 한 비서의 행방이나 현장부재증명, 또 전달 이후 박 의원의 씀씀이에 일어난 변화 등을 보는 것입니다.

셋째, 거짓 진술을 통해 김 회장이 얻는 것은 무엇인가를 봅니다. 다시 말해서 거짓 진술을 해서 선처를 받을 수 있거나 상대방에게 흠집을 낼 수 있거나 하는 점이 앞뒤가 맞느냐는 것입니다. 만일 그 진술로 조금이라도 혐의를 벗는다면 거짓을 의심해 볼 수 있지만 아무런 이득이 없거나 오히려 상황이 나빠지는데도 같은 진술을 한다면 거짓말을 할 이유가 없다는 이야기입니다.

그렇다면 성경을 한번 살펴보겠습니다. 먼저 위의 첫째와 둘째 기준으로 보겠습니다. 성경은 이랬다저랬다 하는 책이 아니며 역사적인 기록입니다. 주변의 다른 역사에 비춰 보아도 허구를 기록한 것이 아님을 알 수 있습니다.

성경의 일관성은 성경 안에서의 자체적 연관성을 보아도 알 수 있습니다. 오랜 기간 수십 명이 기록한 여러 책에서 다루는 사건들이 모두 시기와 공간이 일치합니다. 이런 것은 정경(正經)을 선정할 때 짜 맞춘 것도 아니고 그렇게 할 수도 없습니다. 이미 사람들에게 읽혀져 온 내용이기 때문입니다. 그러므로 그 많은 이야기들이 씨줄과 날줄처럼 정확하게 서로가 서로를 입증하고 있다는 것은 인간의 한계를 넘어선 일이라 할 수 있습니다.

복음서들이 각각 다르게 기록됐다고 주장하는 이들도 있지만, 읽을 대상이 다르고 쓰는 사람의 집필 목적이 다르며, 표현상 차이가 있을 뿐 내용이 다른 것은 아닙니다. 공관복음(마태·마가·누가복음)과 요한복음의 각 내용들은 서로 모순되는 것이 아니라 다른 측면을 말해주고 있습니다. 즉, 예수님은 유대인의 왕으로 오셨고, 죄에 대한 희생물이며, 사람으로 오신 동시에 참 하나님으로 오셨음을 일관되게 알려주는 것이 바로 복음서입니다.

다음은 셋째 기준입니다. 성경이 각종 좋은 이야기나 미화된 신화 같은 것으로 가득하다고 알고 있는 분들도 있지만 그렇지 않습니다. 성경에는 온갖 부정적인 이야기들도 많이 나옵니다.

그런 기록들을 통해 드러내고자 하는 부분이 있기 때문입니다. 성경에는 창녀와 동성애자와 수간(獸姦)에 대한 이야기가 나오고, 시아버지 유다(요셉의 형)를 속여 동침한 며느리 이야기도 나오며, 롯의 딸들이 자손을 얻기 위해 아버지를 만취하게 하여 임신하는 이야기도 나옵니다. 잔인한 토막 살인과 강도질, 야비한 속임수, 피비린내 나는 전쟁, 비열한 복수와 치졸한 사기극과 불륜까지 모두 등장합니다. 절대로 아름답게 포장하지 않았습니다.

신약성경의 많은 부분을 기록한 바울은 많은 병을 고치고 죽은 자를 살리는 등의 기적을 행했던 사도입니다. 그러나 나중에는 그만큼의 능력을 행하지 못했고, 자기 몸의 질병도 고치지 못했습니다. 아들처럼 사랑한 제자 디모데의 위장병에도 능력을 행하기보다는 포도즙을 마시라는 일반적인 충고를 합니다.

바울은 성경을 기록하면서 얼마든지 자신을 미화시킬 수도 있었을 것입니다. 그것이 오히려 일관되고 자연스러워 보일 것이 분명합니다. 하지만 그렇게 하지 않았습니다. 자신이 행했던 기적들이 자신의 능력이 아니라 하나님의 계획에 의해 일정한 시대에만 허락된 것이었기 때문이기도 했지만, 무엇보다 그렇게 꾸밀 필요가 없었던 것입니다. 이것이 성경의 특징입니다.

그렇다면 이런 덤덤한 기록 방식과 부정적인 내용을 통해 얻는 이득은 무엇입니까. 사람들을 속여 자신들의 종교로 끌어들일 목적이 있다면 왜 이렇게 하겠습니까. 이유는 간단합니다. 하나님께서는 누구의 눈치를 볼 필요도, 속일 필요도 없으시기 때문입니다. 성경의 모든 기록은 우리의 배움을 위한 것이라고 했습니다. 이런 이야기들이 우리에게 경각심을 주고, 하나님을 아는 지식을 줍니다. 이 모든 것을 통해 인류의 구원을 바라시는 하나님의 사랑을 알 수 있습니다.

어떤 한학자는 성경을 읽다가 아름답게 치장되지 않은 이야기들을 보고 깜짝 놀라 그때부터 성경을 믿기 시작했다고 합니다. 왜냐하면 여러 경전이나 한학에서 말하는 것들은 거의가 긍정적인 지침들 일색인데, 성경에는 온갖 해괴하게 보이는 스토리들이 적나라하게 등장하는 것을 보고 오히려 그 진실성을 신뢰하게 됐다는 것입니다.

성경은 혹세무민하여 헌금이나 걷어내려고 쓴 책이 아닙니다. 신자들을 옭아매고 그들을 돈으로 판단하는 교회도 있다지만 그들이 기독교의 대표는 아닙니다. 바르게 번역된 성경을 있는 그대로 읽어 보십시오. 거기에는 진실이 있습니다. 그 책의 말씀을 믿는 이들은 자신의 믿음을 그 어떤 것과도 바꾸지 않습니다. 목숨까지도 희생하면서 지켜온 것이 바로 하나님의 말씀입니다. 성경은 인간의 언어로 주신 하나님의 숨결입니다.

믿음 없는 확인은
무의미하다

가끔 그런 생각을 할 때가 있습니다. "뭔가 확실한 증거가 있으면 사람들이 믿지 않을까?" 하는 것입니다. 여러분 중에도 뭔가 보여주면 믿겠다는 분들이 많을 것입니다.

하지만 그런 사람들은 무언가 보여줘도 또 다른 핑계와 의문을 제시하며 뒷걸음질을 칠 것입니다. 게다가 보고 믿겠다는 것은 '확인'일 뿐 '믿음'이 아닙니다. 우리가 '알고' 있다고 생각하는 많은 것에는 믿음이 동반돼 있습니다. 예컨대 부모가 진짜 자신을 낳아주신 분들이라고 생각하는 것도 궁극적으로는 정황을 보고 판단한 '믿음'이지 보았다고 믿은 것이 아닙니다.

성경을 이용해서 많은 잘못된 교리가 나오고, 기독교 이단들은 성경으로 활동의 근거와 토대를 마련하기도 합니다. 성경은 말세에 적그리스도가 나타날 때도 많은 사람들이 그의 거짓말을 믿고 열광할 것이라고 예언합니다. 그리고 이것은 진리를 의심하고 싫어하는 사람들에게 하나님께서 주시는 형벌이라고 말합니다.

"그가 오는 것은 사탄의 활동을 따라 모든 권능과 표적들과 거짓 이적들과 불의의 모든 속임수와 함께 멸망하는 자들에게로 오는 것이니 이는 그들이 진리의 사랑을 받아들이지 아니하여 구원을 받지 못하였기 때문이라. 이런 까닭에 하나님께서 그들에게 강한 미혹을 보내사 그들이 거짓말을 믿게 하시니 이것은 진리를 믿지 아니하고 불의를 기뻐한 그들이 다 정죄를 받게 하려 하심이라"(데살로니가후서 2:9~12).

또한 성경은 잘못 해석되거나 악용되기도 합니다. 그래서 성경을 반대하는 사람들은 성경이 귀에 걸면 귀걸이, 코에 걸면 코걸이라며 비하합니다. 그러나 하나님은 믿음을 요구하시며, 많은 증거와 확신할 만한 요소들을 주시면서도 우리가 끝내 믿음으로 그것을 받아들이기를 원하십니다. 최초로 기록된 성경의 원본은 어디에도 없습니다. 그것은 구약시대 때 불타 없어졌고, 복원한 사본만이 존재합니다. 이는 원본 숭배를 근절하고 믿음을 요구하시는 하나님의 뜻이라고 봅니다.

가정을 생각해 보십시오. 가족이 서로 믿지 못하고 모든 일을 확인하려 든다면 어떻게 되겠습니까. 부모는 아이가 정말 참고서를 샀는지 영수증을 확인하고, 자녀는 호적을 떼어본 뒤 친부모임을 확인하며, 부모가 늙기도 전에 재산을 물려준다는 유언장을 받아놓고… 이것은 정상적인 가족의 모습이 아닙니다.

성경이 진솔한 책이라는 것을 믿으시기 바랍니다. 예수님은 부활하신 후 그 사실을 믿지 못하는 제자 도마에게 창과 못에 찔린 자국을 만져보게 하시면서 이렇게 말씀하십니다.

"예수님께서 그에게 이르시되, 도마야, 너는 나를 보았으므로 믿었으나 보지 않고도 믿은 자들은 복이 있도다, 하시니라"

(요한복음 20:29).

어떻게 하나님의 말씀인 것을 알 수 있나?

성경은 2천여 년 동안 유대인들에 의해 기록되었습니다. 그들은 가장 우수한 민족으로 하나님의 말씀을 맡은 자들입니다. 유대인들이 성경을 기록하는 과정은 매우 놀랍습니다. 두루마리 양피지에 쓰는 하나님의 말씀은 띄어쓰기가 거의 없이 기록되는데, 이는 첨가를 통한 변조를 막기 위함이었습니다.

유대인 서기관들은 사본을 기록할 때도 큰 소리로 읽은 다음 옮겨 썼습니다. 그리고 한 두루마리에서 세 개 이상의 실수가 있을 땐 교정하지 않고 곧바로 폐기했습니다. 또한 쓰는 도중에 하나님의 이름이 나오면 매번 펜을 바꾸고 목욕을 한 후에 옮겨 적을 정도로 엄격하고 철저했습니다. 그래서 예수님도 그런 사본들을 "기록된 바…"라는 말로 하나님의 말씀임을 인정하셨습니다.

성경을 기록한 사람들은 자기의 생각을 적은 것이 아니라 하나님의 계시와 영감을 받아 기록했습니다. 그러나 단순히 도구로

만 사용된 것은 아니고 각 기록자의 개성이 각각의 책에 드러났습니다.

예수님 시대에 많은 복음서가 있었고, 교회시대가 시작된 뒤에도 많은 기록들이 읽혔습니다. 이런 여러 가지 필사본은 정경(正經)과 외경(外經)으로 AD 397년에 카르타고공회에서 '일반적인 동의'로 확정됩니다. 특정인들이 어떤 회의를 통해 독단적으로 결정한 것이 아니라는 뜻입니다.

구약시대에는 하나님이 직접 말씀하셨습니다. 그리고 신약시대에는 성령님이 신자들의 몸 안에 계십니다. 그러므로 성령님이 사람들을 통해 계시하신 것들이 드러나는 데 300여 년이 걸린 셈입니다. 사람을 도구로 성경이 기록되듯, 사람의 방법과 시간으로 하나님의 일이 완수되었습니다. 다시 말해 교통수단이 느린 시대에 세상에 널리 흩어져 살던 하나님의 백성들이 뜻을 모으고 받아들이는 과정에서 오늘날과 달리 많은 시간이 필요했던 것입니다.

참 성경이 사람들에게 읽히면 하나님이 주시는 감동이 나타나 변화를 일으킵니다. 그러나 역사적 사실과 진리에서 벗어난 것들은 점차 도태되고 버려집니다. 마치 많은 책이 출간되지만 시간이 흐르면 시대의 족적이 되는 기념비적 서적만 남는 것처럼 말입니다.

국회의원 선거를 하면 이런 말을 합니다.

"국민들이 정확히 여당과 야당에 황금분할을 만들어줬다."

각각 다른 의견을 가진 수천만의 사람들이 서로 다른 곳에서 투표를 하는데 어떻게 이런 일이 가능할까요? 그것이 바로 '민심'이기 때문에 드러날 수밖에 없는 것입니다. 이처럼 흩어져 있던 복음서들도 그리스도인들을 통해 점점 더 퍼져나가거나 소멸됩니다. 그런 과정을 통해 정경이 채택된 것입니다. 그래서 우리는 그것을 하나님의 참된 말씀으로 믿습니다. 이와 같은 방법으로 유대인들을 통해 기록되고 보존되며 전달된 과정은 다른 고대 역사와 기록들이 현대로 전달되는 과정과 비교해 볼 때 매우 놀라운 것입니다.

가장 많이 팔리고 가장 많이 인용되며 영화와 소설 등의 소재가 되기도 하는 성경에는 역사, 과학, 도덕, 수학, 예언, 인간의 기원과 타락, 다시 구원받는 길까지 나와 있습니다. 이 모든 것을 연구하면 할수록 일부러 맞추기에는 너무나 어려운 퍼즐이라는 것을 알 수 있습니다. 즉, 모든 역사와 사람과 사건이 전 시대를 통해 그물처럼 연결돼 있고 서로가 서로를 증거하고 변증하는 놀라운 책입니다.

 성경은 많은 비유와 역설로 이루어져 있어서 마음을 열지 않으면 깨닫기가 어렵습니다. 그러나 믿으려는 마음이 있으면 그 깨닫는 맛이 꿀보다 더 단 신비의 말씀입니다. 어떤 이들은 교회에 나가기도 전에 성경을 읽고 진리를 깨달아 구원받기도 합니다. 하나님의 말씀이 살아서 운동력이 있다고 하는 까닭이 그것입니다. 성경은 지금도 전 세계로 퍼지며 기적을 일으키고 있습니다.

성경에는
과학도 등장한다

성경은 과학에 대해서도 이야기합니다. 현대 과학이 발전하기 전에 쓰인 것이지만 사람들은 훗날 그것이 과학의 법칙이었음을 알게 되었습니다.

"그분께서는 북쪽을 빈 곳에 펴시며 땅을 허공에 매다시고"
(욥기 26:7).

기록 연대가 가장 오래된 욥기에 지구가 우주 공간에 있다는 것을 기록했다는 사실은 놀라운 일입니다.

"땅의 원(circle of the earth) 위에 앉으신 이가 바로 그분이시니 땅에 거하는 자들은 메뚜기 같으니라. 그분께서 하늘들을 휘장같이 펼치시며 그것들을 거주할 장막같이 펴시고"(이사야 40:22).

이것은 지구가 둥글다는 것을 알려주는 부분입니다. 이사야 시대는 BC 700년경입니다. 사람들이 지구가 둥글다는 것을 깨닫기 훨씬 전에 그 내용이 성경에 기록된 것입니다.

"바람은 남쪽으로 가다가 북쪽으로 돌이키며 계속해서 빙빙 돌다가 자기의 순환 회로에 따라 되돌아가고 모든 강은 바다로 흐르되 여전히 바다를 채우지 못하며 강들은 자기들이 나오는 곳으로 거기로 되돌아가느니라"(전도서 1:6~7).

이것은 바람과 물의 순환회로에 관한 내용입니다. 이 역시 지금으로부터 약 3천 년 전에 기록된 내용입니다. 표현 자체는 당시의 사람들이 이해할 수 있는 언어로 기록되었지만 현대 과학으로 이 경로가 일치한다는 것이 드러났습니다. 특히 바람의 전 세계적 순환이 위 내용과 들어맞기 때문에 더욱 신기한 일이라고 할 수 있습니다.

물질이 특성을 잃지 않는 상태에서 더는 쪼갤 수 없는 상태를 '원자' 또는 '원소'라고 부릅니다. 이것이 사람과 자연과 하늘과 땅과 모든 물질을 이루고 있는 기본 알갱이입니다. 기체든 액체든 고체든 생물이든 무생물이든 원자가 아닌 것은 없습니다. 성경은 아톰(atom)이라는 현대의 전문용어 대신 엘리먼트(element, 요소)를 씁니다. 베드로는 어부 출신의 제자였지만 죽기 전에 원소에 관한 놀라운 예언을 남겼습니다.

"그러나 주의 날이 밤의 도둑같이 오리니 그 날에는 하늘들이 큰 소리와 함께 사라지고 원소들이 뜨거운 열에 녹으며 땅과 그 안에 있는 일들도 불태워지리라. 그런즉 이 모든 것이 해체될진대 너희가 어떤 사람이 되어야 마땅하겠느냐? 모든 거룩한 행실 속에서 하나님을 따르는 가운데 하나님의 날이 오는 것을 기다리고 서두르라. 그 날에 하늘들이 불이 붙어 해체되고 원소들도 뜨거운 열로 녹으려니와 그럼에도 불구하고 우리는 그분의 약속에 따라 의가 거하는 새 하늘들과 새 땅을 기다리는도다"(베드로후서 3:10~13).

원자는 가운데 원자핵이 모여 있고, 그 주변을 전자들이 빠른 속도로 돌고 있는데, 그 원자핵과 전자의 개수가 물질을 결정합니다. 말하자면 세상 만물이 재료는 모두 같지만 배열이 다른 것입니다. 전자는 원자핵 지름의 13만 배 거리를 돌고 있으니 사실상 모든 물질은 텅 빈 것이지요.

그런데 원자핵에 대한 경이로운 사실은 자연의 법칙과 정반대의 힘이 원자핵을 지배하고 있다는 점입니다. 자석의 원리처럼 같은 전기를 띤 입자들이 가까이 있으면 서로 밀어내는 것이 물리의 기본 법칙입니다. 그런데 같은 전기를 띤 양성자들이 모여 있는 원자핵은 서로 밀어내지 않고 무언가 신기한 힘에 의해 굳게 결합되어 있습니다. 이것은 인간의 모든 상식과 법칙을 뛰어넘는 불가사의라고 할 수 있습니다. 이처럼 일반적 힘의 법칙들과 다른 에너지를 '핵에너지'라고 부릅니다. 핵에너지는 엄청난 열과 후폭풍을 일으키는 원자폭탄이 되기도 합니다.

베드로가 말한 '주님의 날'에는 모든 것이 해체될 것입니다. 원자핵들의 결합이 모두 흩어진다는 뜻입니다. 물론 그것은 아주 없어지는 것이 아니라 이후 새로운 세상이 열리며, 모든 영혼이 천국과 지옥으로 나뉘게 되는 것을 의미합니다. 하나님은 그런 심판이 있기 전에 모든 사람이 돌이켜 구원에 이르기를 원하십니다.

창조된 기계가 자신을 고칠 수 없는 것처럼 창조물인 인간도 스스로를 고칠 수 없습니다. 물질의 주인이자 창조자인 하나님만이 그의 죄를 사할 수 있고 그를 온전케 만들어 천국으로 인도할 수 있습니다.

성경,
독보적인 고대 예언서

대부분의 경전에는 예언 같은 이야기가 나옵니다. 하지만 부풀려진 것들이 많고, 정말 예언다운 예언, 구체적이고 실제로 이루어지는 예언은 거의 없습니다. 이 말이 의심이 간다면 한번 찾아보시기 바랍니다. 아주 조금은 맞을지 몰라도 대부분 정확성이 떨어지고, 특히 미래에 대한 적중률은 현저하게 낮습니다. 그러나 성경의 예언은 정확합니다. 몇 가지만 예를 들어보겠습니다.

1. 이스라엘에 관한 예언과 성취

유대인들은 참으로 특이한 민족입니다. 이스라엘은 가장 오래된 민족의 역사보다도 수 세기나 앞선 역사를 지니고 있습니다. 하나님의 백성으로 선택된 이스라엘 사람들, 그들이 존재하는 의미와 성경의 예언과 관련된 것들을 알아보겠습니다.

이스라엘 민족은 한 사람, 즉 아브라함에게서 시작되어 창조주 하나님을 섬기고 그분이 주신 율법에 따라 긴 세월 동안 인도되고 있습니다. 천 년 이상 지속된 나라는 없음을 생각할 때 특별한 일이 아닐 수 없습니다.

그런데 이상하게도 그들은 태초부터 약속된 메시아를 받아들이지 않았습니다. 성경에 수백 가지의 예언이 있는데도 그것을 받아들이지 않고 지금까지 메시아를 기다리고 있는 이유는 무엇일까요? 예수는 그들에게 약속된 메시아가 맞습니다. 더는 정확할 수 없을 만큼 많은 조건들을 충족하는 분입니다. 하지만 그들은 실제적인 정치적 왕을 기다렸고 속국의 위치에서 벗어나게 해줄 강력한 지도자를 기다렸습니다. 그래서 역설적인 것을 가르치고 율법의 시대를 마감하려 했던 예수님을 거부했던 것입니다.

하지만 성경은 이스라엘 민족의 이런 반응까지 예언하고 있습니다. 예수님은 숨어 있는 신이며 사람들에게 부인될 것이고 사람들은 그를 메시아로 생각하지 않을 거라는 내용입니다. 또한 그는 걸리는 돌이 되어 많은 사람이 걸려 넘어질 것이라고 했습니다. 이와 같이 걸려 넘어지는 것은 예언자들이 말한 그대로이며 하나님의 의도 중 하나였습니다.

"이 백성의 마음을 우둔하게 하고 그들의 귀를 둔하게 하며 그들의 눈을 닫을지니 이것은 그들이 그들의 눈으로 보고 귀로 듣고 마음으로 깨달아 회심하여 고침을 받지 못하게 하려 함이라, 하시기에"(이사야 6:10).

이스라엘은 고질적인 불순종의 반복으로 예수님이 오시기 전 400년 동안이나 하나님의 침묵을 불러왔습니다. 그들이 돌이켜 회개하고 순종하지 않으면 메시아를 알아볼 수 없다는 것, 그것은 이미 예견된 것이었습니다. 물론 그들 누구라도 자기의 자유로운 의지에 따라 예수님에 대한 태도를 결정할 수 있었지만 대부분의 유대인들은 하나님의 계획, 즉 모든 민족을 위한 구원의 프로그램 속에서 그리스도를 부인하는 길에 섰던 것입니다.

그들이 흔들림 없는 태도를 유지하는 동안 하나님께서는 다른 민족들을 암흑 속에 버려두지 않으시고 구세주를 보내셨습니다. 유대인들의 거부로 이방 민족 모든 나라에 복음이 선포되었던 것입니다. 그러므로 유대인들은 구세주를 알리기 위해 세상에 존재하고 있다고 해도 과언이 아닙니다. 그들은 하늘로부터 임하는 하늘의 왕국(kingdom of heaven)을 거부하고 하늘나라가 아닌 지상에 이루어지는 왕국을 바랐습니다.

유대인들의 거부로 그 왕국은 이루어지지 않았습니다. 유대인들의 왕국은 역사적으로 성도들의 휴거(하늘로 들어 올림) 이후 7년의 환난을 겪은 뒤에야 이스라엘이 예수님을 참 구세주로 인정하게 되면서, 천 년 동안 이어질 '천년왕국'에서 이루어진다고 예언되어 있습니다. 그러므로 그때까지는 이스라엘이 그리스도를 받아들이지 않을 것입니다. 지금의 유대인들은 유대교 정통파와 '메시아닉 주(Messianic Jews)'로 불리는 기독교 신자 일부를 제외한 대부분이 무신론자입니다.

2. 유대인의 회복과 그들의 역사

이스라엘은 AD 70년, 로마에 의해 완전히 멸망합니다. 멸망한 민족이 약 1,800년을 떠돌다가 1948년에 다시 국가를 이룬 것은 그야말로 기적이며 역사상 전무후무한 일입니다. 그런데 그들의 멸망과 회복은 이미 예언된 일이며 그들의 행적은 종말과도 밀접한 연관이 있기 때문에 이스라엘을 '역사의 해시계'라고 부르기도 합니다.

'야곱'으로도 불렸던 이스라엘은 아브라함과 맺은 하나님의 약속에서부터 시작되었습니다. 창조 이후 1,500년 정도가 지나자 사람들이 동성애 등으로 타락하여 대홍수가 일어났고, 이후 다시 늘어난 사람들에 의해 바벨탑이 지어졌으며, 그곳에서 흩어진 사람들이 세계각지로 흩어져 살아가게 되었습니다. 갈대아의 우르 지역에 살던 아브람(위대한 아버지)은 하나님의 약속에 따라 이스라엘 백성의 조상이 되었고 이름도 아브라함(많은 사람의 아버지)으로 바뀌게 됩니다.

아브라함과 여종 하갈 사이에서 태어난 이스마엘은 이슬람교도의 조상입니다. 그는 아브라함이 하나님의 약속을 기다리지 못한 결과로 태어난 아들입니다. 창세기 16장 12절에는 이스마엘에 관한 하나님의 말씀이 나오는데, "그는 들사람이 될 것이요, 그의 손이 모든 사람을 대적하고 모든 사람의 손이 그를 대적할 것이며…"라고 하셨습니다. 그리고 그 말씀은 오늘날까지 그대로 이루어지고 있습니다. 이슬람의 위협은 오늘날 상상을 초월합니다.

그후 아브라함과 그의 아내 사라 사이에서 언약의 아들인 이삭이 태어나고 이삭에게서 야곱이 태어납니다. 야곱의 아들 요셉은 다른 형제들에 의해 이집트에 노예로 팔려간 후 우여곡절 끝에 이집트의 총리 자리까지 오르게 됩니다. 그는 왕의 꿈을 해석한 대로 미래에 있을 기근에 대비하여 7년의 풍년 동안 곡식을 쌓아놓습니다. 그리고 이후 7년간의 기근이 닥치자 창고를 열어 곡식을 판매하는 과정에서 곡식을 사러 이집트에 온 그의 형제들을 다시 만나게 되고, 요셉의 제안에 따라 모든 가족이 이집트에 정착하게 됩니다.

그러나 요셉이 섬기던 왕이 죽고 세월이 흐르자 이스라엘 백성들은 노예로 전락하여 이집트 사람들의 지배를 받게 되었습니다. 이에 유대인이면서 공주의 양아들로 왕자였던 모세가 일어나 그들을 아브라함에게 약속하신 가나안 땅으로 인도합니다. 그러나 한 달 남짓 걸릴 여정을 무려 40년 동안이나 광야에서 헤맨 그들 중 겨우 두 명과 다음 세대들만이 가나안 땅으로 들어가게 됩니다. 그들은 왕국을 이루기도 하고 수차례의 전쟁을 치르며 포로로 끌려가기도 합니다. 그리고 예수님이 탄생하시기 400년 전부터는 하나님의 말씀을 대신 전하는 대언자들의 말이 끊기는 침묵의 시대를 겪습니다.

그 후 예수님이 태어나시고, 그들은 약 70년 후에 완전히 멸망하여 죽거나 흩어집니다. 예수님이 오셨을 때 그들은 거부하고 십자가에 못 박아 죽입니다. 당시 총독이었던 빌라도는 예수의 죄를 찾지 못하여 백성들에게, 이 사람을 죽인 피의 대가를 자기에게 돌리지 말라고 말합니다. 그러자 이스라엘 백성들은 그 책임을 자신과 자손들에게 돌리라고 말했습니다.

"빌라도가 자기가 아무것도 이기지 못하고 도리어 폭동이 일어나려는 것을 보고 물을 가져다가 무리 앞에서 손을 씻으며 이르되, 나는 이 의로운 사람의 피에 대하여 무죄하니 너희가 그

것과 상관하라. 하매 이에 온 백성이 응답하여 이르되, 그의 피가 우리와 우리 자손에게 임하리이다. 하니라"(마태복음 27:24~25).

결국 이 말의 대가는 처절한 멸망과 유랑, 나치에 의한 600만 명의 희생 등으로 나타났습니다. 그럼에도 불구하고 그들은 아직까지 돌아오지 않고 있습니다.

이스라엘을 중심으로 한 세계의 역사는 마지막에 있을 아마겟돈전쟁과 천년왕국에 이르기까지 성경말씀 그대로 이루어질 것입니다. 지금 이스라엘의 예루살렘성전 터에는 이슬람 성전이 들어서 있습니다. 이것 때문에 그 지역에서는 전쟁과 대립의 소식이 끊이지 않습니다. 이스라엘은 그곳에 자기들의 옛 성전을 재건하기 위해서 무력이라도 사용하겠다는 집념으로 모든 계획을 구비한 상태입니다.

또 전 세계 유대인들의 귀환도 가시적으로 드러나고 있습니다. 이 성전 회복은 종말에 반드시 이루어질 일로 예언되어 있습니다. 이스라엘은 독립 이후 어떤 전쟁에서도 진 적이 없고, 위협적인 여러 산유국들 사이에서 기름 한방울 나지 않는 좁은 영토를 지키며 기적적으로 살아가고 있습니다.

성경은 다니엘서를 통해 당시의 바빌론 제국 이후 마지막까지 이어질 제국들의 행렬을 정확하게 예언했고, 그것은 지금까지 계속해서 이루어지고 있습니다. 성경이 많은 학문에 이용되고 연구되는 것은 바로 이런 예언적 요소 때문입니다.

성경의 모든 말씀은 하나님께서 숨을 불어넣어 주신, 그 자체로 살아있는 말씀입니다. 그러므로 모두 이루어질 것이며 모든 사람이 그것을 보게 될 것입니다. 성경은 마지막 때 사람들의 행동방식도 예언하고 있습니다. 다음의 말씀이 이 세대와 얼마나 비슷한지 보시기 바랍니다. 그리고 성경의 진실성에 귀를 기울이시기 바랍니다.

"또한 이것을 알라. 즉 마지막 날들에 위험한 때가 이르리라. 사람들이 자기를 사랑하며 탐욕을 부리며 자랑하며 교만하며 신성모독하며 부모에게 불순종하며 감사하지 아니하며 거룩하지 아니하며 본성의 애정이 없으며 협정을 어기며 거짓 고소하며 절제하지 못하며 사나우며 선한 자들을 멸시하며 배신하며 고집이 세며 높은 마음을 품으며 하나님을 사랑하기보다는 쾌락들을 더 사랑하며 하나님의 성품의 모양은 있으나 그것의 능력은 부인하리니 이런 자들에게서 돌아서라"(디모데후서 3:1~5).

성경은 진실합니다. 성경을 알기 전에는 '어떻게 저런 이야기들을 믿어?' 하고 생각하지만 말씀의 오묘함을 알고 난 뒤에는 '어떻게 이걸 안 믿을 수 있을까?' 하고 생각이 바뀌게 될 것입니다.

내가 왜
믿어야
하죠?

04

**내가 왜
믿어야
하죠?**

한국 사람이 왜 서양 귀신을 섬겨?!

민족마다 섬기는 신이 있지만 민족에 따라
다른 신이 존재할까요?
모든 민족의 뿌리가 왜 하나라고 하는지 살펴봅니다.

너,
유대인 들러리야?

예전에 가문과 전통을 중시하던 한 직장 상사가 있었습니다. 파평 윤씨 양반 가문 출신인 그분은 우리의 뿌리를 지키는 것에 커다란 관심을 갖고 있었는데, 교회에 다니는 저에게 호기심을 보일 때가 많았습니다. 다른 사람들은 제가 교회를 열심히 다니든 말든 크게 신경 쓰지 않았지만 그분은 꼭 이런 식의 농담을 하곤 했습니다.

"내가 볼 때 넌 아무래도 이스라엘 사람들 들러리 서는 거 같아. 하나님은 그 사람들의 신이지 우리 신이 아니야. 자기 조상도 모르면서 다른 나라 신을 섬기면 되겠냐? 넌 아마 나중에 개네들 있는 천국에 가면 '어! 넌 우리나라 사람이 아닌데, 번지수가 틀렸어. 딴 데 가서 알아봐~' 그럴 거다. 그러니까 정신 차리고, 너 안동 김씨 양반 가문 자손인데, 지금이라도 네 뿌리를 찾아봐~."

그러면서 두께가 10㎝나 되는 『성씨의 고향』이라는 책을 들추며 안동 김씨가 몇 명이나 과거에 급제하고 몇 명이나 정승을 지냈는지 알려 주었습니다.

우리 것은 소중하고 당연히 지킬 만한 것입니다. 그러나 그 뿌리를 어떤 시각으로 바라보느냐가 중요합니다. 요즘 젊은이들은 잘 몰라도 예전엔 유명했던 "제비 몰러 나간다! 우리 것은 소중한 것이여~"라는 광고로 유명한 판소리 명창 고(故) 박동진 옹이 계셨습니다. 그런데 그가 왜 교회 장로로서 믿음을 가지고 살며 예수님의 복음을 판소리로 불렀을까요? 한때 단군교의 교주로 엄청난 부와 권력을 누렸던 김 모 씨가 왜 빈털터리 목사가 되었는지 이상하지 않습니까? 그들은 더 오래전으로 거슬러 올라가 뿌리를 찾아 참 하나님을 만난 것입니다. 인류가 처음부터 국가와 민족 단위로 구성되었을까요? 인터넷 세상인 오늘날에는 이런 경계선이 더더욱 무의미합니다. 그렇다면 왜 모든 민족과 우리 민족의 뿌리가 아담이고 하나님일까요?

바벨탑에서
흩어지다

첫 사람 아담의 후손들은 노아의 홍수 이후 죄에 빠져 하나님께 도전하는 바벨탑을 쌓기에 이르렀습니다. 그곳은 시날 평지(수메르 지역)였는데, 성경은 그때까지 온 땅의 언어가 하나였다고 기록하고 있습니다. 사람들은 "벽돌을 견고히 굽고 쌓아 우리의 이름을 내고 온 지면에 흩어짐을 면하자"라고 했습니다. 또다시 대홍수가 온다 해도 물에 휩쓸리지 않을 높은 성을 쌓고자 한 것입니다. 하나님은 다시 물로 멸하지 않겠다고 하시며 그 증표로 무지개까지 주셨는데 말입니다.

이름을 낸다는 것은 명예욕이요, 하나님이 미워하시는 교만입니다. 그래서 하나님은 이들의 언어를 혼란케 하셨습니다. 사람들은 말이 통하지 않게 되자 더는 탑을 쌓을 수가 없었고 온 세상으로 흩어져 여러 민족이 된 것입니다. 기원조차 알 수 없는 '언어'는 인간만이 가지는 것입니다. 아무리 영리한 동물이라도 언어와 비슷한 것조차 말할 수 없는 반면, 아무리 미개해 보이는 부족이라도 복잡한 체계의 언어를 가지고 있습니다. 사실 언어가 여러 개로 나뉜 것은 형벌입니다. 세상 사람들이 언어가 다른 것으로 인해 얼마나 많은 대가를 치르고 있습니까. 하나님의 말씀을 전달받기도 어려워졌습니다.

동계올림픽이 열리기도 했던 일본 나가노 지역에는 성경에 나오는 산과 이름이 같은 '모리아'산이 있습니다. 그곳에서는 매년 4월 15일만 되면 행사를 하는데, 놀랍게도 모리아산에서 아브라함이 이삭을 바치는 모습을 재현한다는 것입니다(창세기 22장). 이 행사는 겐 수와 다이샤 미사구치(Ken Suwa taisha Misakuchi) 축제라고 하는데, 미사구치(Mi-Isaku-chi)의 뜻은 Mi가 히브리어로 '~로부터', Isak은 '이삭', Chi는 '원래'라는 의미랍니다. 그러므로 이 축제의 이름은 '원래 이삭으로부터', 즉 '이삭에서 비롯된'이라는 뜻이 됩니다.

게다가 이 축제는 이스라엘 유월절과 같은 닛산월 15일, 일본의 4월 15일에 열리는데, 축제 때 벌이는 의식을 보면 더욱 놀랍습니다. 산당 앞에 '모리아'라 불리는 제사장이 8세짜리 남자아이의 손발을 묶어 제단에 올려놓고 단도를 들어 죽이려 하면, 다른 제사장 하나가 뒤에서 쫓아와 그의 행동을 제지한 후 그 대신 준비된 사슴 75마리를 바치고 아이를 살려낸다는 것입니다. 아브라함이 이삭을 바치려던 바로 그 과정과 무척 흡사합니다. 이 전통 축제가 말하는 것이 무엇이겠습니까.

우리나라에는 단군설화가 존재합니다. 사실 우리나라는 원래 불교나 유교 국가가 아니었습니다. 『규원사화』 등의 역사서는 우리 민족이 하늘에 제사하는 신령한 민족이라고 기록하고 있습니다. 또한 홍익인간의 이념을 보면 삼위일체 사상도 두드러집니다. 단재 신채호 선생은 『삼국유사』와 『삼국사기』의 저자인 일연과 김부식이 중국 사대주의 사상에 물들어 많은 역사왜곡을 시도했다고 말합니다. 그는 우리 민족이 원래 하늘에 제사하던 신령한 민족이며 단군설화는 천군(天君)을 섬기던 풍습에서 비롯된 것이라고 합니다. 고인돌도 원래는 제단이었습니다. 그 주변에 제사장을 묻던 풍습 때문에 무덤으로 인식된 것뿐입니다.

아시아의 오지에 흩어진 소수민족들 중에는 우리와 생활 풍습이 비슷한 사람들이 있습니다. 이것을 어떻게 받아들여야 할까요? 이들 중에는 김치를 담가 먹는 사람들도 있고, 색동저고리를 입는 사람들도 있습니다. 또 그들의 말에서 우리와 비슷한 음과 뜻을 가진 단어들도 발견할 수 있습니다. 밥, 아버지, 어머니 등 상당히 많은 단어가 우리말과 같거나 흡사합니다. 세계적으로 엄마와 아빠를 부르는 말은 그 발음이 비슷하다는 것도 신기합니다. 국립중앙박물관의 고대유물 중에는 히브리어가 새겨진 기왓장도 있습니다. 이스라엘과 우리 민족만이 장례 때 베옷을 입는 등 비슷한 점도 많습니다.

우리나라에는 동지에 붉은 팥죽을 만들어 문설주와 벽에 바르는 풍습이 있습니다. 이것은 이스라엘 백성들이 이집트를 탈출하기 전, 장자의 죽음 재앙을 피하기 위해 하나님의 명령에 따라 어린양의 피를 문기둥과 양 옆 기둥에 발라 죽음을 면한 것과 매우 비슷합니다. 이것은 예수님의 피로 구원받는 것을 상징하기도 합니다.

이러한 사실들은 우리 민족 역시 대이동 과정에서 소수민족으로 남겨지기도 하면서 이곳 한반도까지 흘러들어왔다는 것을 뒷받침해 줍니다. 한국을 비롯한 모든 민족의 뿌리가 하나라는 이야기가 엉뚱하게 들리십니까? 그러나 『한단고기』 등의 고서를 살펴보면 우리 민족의 기원도 유프라데스지역 수메르제국이라는 것을 알 수 있습니다.

노아의 홍수는 약 4,400년 전의 일이며 세계 4대 문명의 발상 시기도 이와 비슷한 시점입니다. 예수님을 일컫는 샤론의 장미(rose of Sharon)는 바로 '무궁화'입니다. 수메르가 원산지인 무궁화가 우리나라의 국화(國花)라는 것이 우연의 일치일까요?

기존의 지식에 대한 편견을 버리고 역사를 잘 살펴보십시오. 특히 상고사를 주목하여 민족들을 살펴보고 그들의 경계를 면밀히 따라가 보십시오. 반드시 모든 것의 뿌리가 하나라는 것을 알 수 있을 것입니다.

중국 고대사와 한자에 비밀이 있다

　　　　　　미국의 병리학자 넬슨(Ethel R. Nelson) 박사는 한자의 기원에 창세기의 내용이 담겨 있음을 발견한 뒤 연구를 시작했습니다. 한자의 발생은 BC 2500년경으로 알려져 있고 유교와 도교가 중국에 성행한 시기는 BC 500년경 이후이며 불교가 중국에 소개된 것은 BC 67년경입니다. 즉, 공자·노자·석가의 가르침이 있기 전인 BC 500년 이전의 종교에 대해서는 알려진 바가 없는데, 고대 중국인들은 미신보다 유일신인 하나님을 섬겼다는 증거들이 도처에서 발견되고 있습니다.

　그들은 하나님을 '하늘 위에 계신 통치자' 즉 상제라고 부르고 모셨습니다. 상제(上帝)의 발음은 '샹다이(Shangdai)'로, 창세기 17장 1절과 시편 19장 1절에 나오는 전능자 하나님인 '샤다이(Shaddai)'와 발음이 비슷합니다. 또한 중국에도 구전으로 내려오는 '노아'와 비슷한 발음의 '누아'의 대홍수 전설이 있으며, 자신들이 누아의 자손이라고 믿고 있는 소수민족 먀오족이 있습니다. 이들은 대홍수 외에도 창세기의 많은 내용을 매우 흡사하게 간직하고 있습니다.

몽골, 중국 그리고 우리나라를 포함한 극동 아시아의 인종은 메소포타미아 근처에서 이동해 온 사람들입니다. 이들 중 일부는 황하 유역에 정착하여 한족의 조상이 되었고 일부는 만주와 한반도까지 들어왔습니다.

이들은 뜻글자인 한자를 만들 때 자신들이 섬겼던 하늘의 상제와 조상들의 이야기를 담았을 것으로 추정됩니다. 인류의 시조인 아담은 930년을 살며 므두셀라 때까지 있었고, 가장 긴 수명(969년)으로 유명한 므두셀라는 노아의 아들인 셈의 때까지, 셈은 바벨탑 이후 400년을 더 살았기 때문에 사실상 천지창조와 대홍수, 바벨탑 사건까지 거의 전부를 후손들에게 구전해 줄 수 있었을 것으로 봅니다. 그래서인지 한자에는 다음과 같은 기본 단어들을 중심으로 창세기의 이야기가 많이 담겨져 있습니다.

造**(지을 조)** : 흙(土)에 생기(ﾉ)를 불어넣으니 사람(口)이 되어 걸어다님(책받침 변).

　　－ 식구(食口), 인구(人口) 등에서처럼 입 구(口)를 사람으로 보고, '쉬엄쉬엄 가다'로 쓰이는 책받침 변과 생기를 뜻하는 상형문자 삐침(ﾉ)으로 이루어진 글자임(창세기 2:7).

田(밭 전) : 네 개의 강(+)이 흐르는 지역(□). 에덴동산을 뜻함.

- 큰 입 구(□)는 하나의 구역을 의미하는 상형문자로 보이고, 사방으로 흐르는 강 역시 형상화 된 듯함(창세기 2:10~14).

男(사내 남) : 에덴의 동산(田)에서 쫓겨나 힘쓰고 수고해야(力) 되는 사람.

- 남자인 아담은 범죄의 형벌로 동산 밖에서 힘을 써 수고하고 땀을 흘려야 식물을 먹을 수 있게 됨(창세기 3:17~19).

女(계집 여) : 첫 번째(一) 사람(人)의 갈비뼈 하나를 빼내서(﹀) 만든 사람(창세기 2:21~22).

魔(마귀 마) : 생명나무와 선악과, 두 나무(林) 사이에서 뱀으로 위장되어 있는 귀신(鬼).

- 에덴농산에는 생명나무와 선악을 알게 하는 두 나무가 있었음. 인간은 불행히도 선악과 나무에 손을 댐. 귀신 귀(鬼)자는 에덴동산(田)에서 사람(人)에게 은밀히 접근하는 것이 형상화됨.

裸(벗을 라) : 금단의 열매(果)를 따먹고 벗은 줄을 알게 되어 옷(衣)을 입음.

- 아담과 하와는 선악과를 먹은 뒤 눈이 밝아져 자신들이 벗은 줄을 알고 무화과 잎을 따서 가림(창세기 3:10).

品(물품 품) : 삼위일체 하나님의 말씀으로 만들어진 것.

– 세상의 모든 물건, 즉 창조물은 하나님의 입(말씀)으로 창조되었음을 뜻함.

犧(희생 희) : 흠 없는(秀) 소(牛)와 양(羊)을 찌르는(戈) 것.

– 하나님께 희생제물로 바쳐질 짐승은 가장 뛰어난 상품(上品)을 드리는데, 찔러서 피를 내거나 태움. 창 과(戈)는 찌른다는 의미로 쓰임.

義(옳을 의) : 양(羊) 밑에 있는 나(我).

– 자아를 흠 없는 어린양이신 예수 그리스도 밑에 두는 것, 그것만이 죄인 된 인간이 의롭다 인정받을 수 있는 방법임을 뜻함.

船(배 선) : 작은 배(舟)에 8명(八)의 사람(口)이 탔음.

– 배 주(舟)와 노아의 식구 8명을 합쳐 '배'를 뜻하는 글자.

洪(홍수 홍) : 노아의 여덟(八) 식구가 함께(共) 치른 물(물 '水' 변)난리.

– 여덟 팔(八)에 손잡는다는 뜻이 있는 '함께 공(共)'을 붙임.

沿(물 따라 내려갈 연) : 여덟(八) 사람(口)이 물(물 '水' 변)위에 떠 있는 것.

– 홍수 이후에 뭍이 드러날 때까지 방주가 표류한 것을 나타냄.

이 밖에도 수많은 글자가 있습니다. 이와 관련된 자세한 내용은 인터넷에서도 찾아볼 수 있고 책자도 있습니다. BC 200년경에 최초로 중국을 통일한 진시황은 중국의 역사를 날조하면서 한자를 800자로 정비했지만, 예수님과 거의 동시대를 살았던 후한의 허신이라는 사람은 고대 한자를 8,000자로 정리하고 뜻을 풀이한 『설문해자』를 저술했고, 이 책에 창세기의 많은 비밀이 담겨 있어 현대인들도 놀라고 있습니다.

'이야기'를 보면
구원이 보인다

사람들은 '이야기'에 열광합니다. 영화와 드라마, 연극 등이 모두 꾸며진 픽션, 즉 허구라는 것을 알면서도 사람들은 여기에 빠져듭니다. 최근 많이 활용되는 스토리텔링기법이라는 것도 이런 심리를 이용한 것으로 설득의 효과를 극대화하기 위해 두루 사용됩니다.

그런데 이토록 범람하는 이야기들의 원형에 대해서는 크게 관심이 없습니다. 아무리 이야기가 변형된다 해도 그 원형이 있다는 것을 생각하지 못합니다. 역사 자체가 하나의 이야기이고, 거기서 생겨나는 이야기에서 하나님을 찾을 수 있습니다. 사람의 구원을 방해하는 마귀는 이 이야기를 변형시킬 뿐 아니라 더욱 엽기적이고 무리한 반전이 있는 괴상한 것으로 바꾸기 때문에, 타락한 문화에서 나오는 이야기일수록 소재와 구성도 타락합니다.

그럼에도 불구하고 이야기의 원형은 남습니다. 〈형사 콜롬보〉,

〈반지의 제왕〉, 〈포레스트 검프〉 등으로 유명한 시나리오 작가 로버트 매키(Robert McKee)는 '이야기'를 이렇게 정의했습니다.

> "이야기란 어떤 사건에 의해 삶의 균형이 무너진 주인공이 그것을 회복하기 위해 여러 적대적인 것들과 맞서면서 자신의 욕망을 추구해 나가는 것이다."

과연 그렇지 않습니까. 인간의 삶이 죄로 무너졌고 균형이 깨졌습니다. 사람은 메시아를 통해 하나님과의 관계를 회복하여 영원한 삶이라는 궁극적 욕망을 실현하기 위해 방해하는 세력과 맞서 그것을 쟁취하고자 합니다. 이것이 이야기의 원형입니다. 성경도 이와 비슷합니다. 하나님이 보내실 메시아 약속이 마귀에 의해 방해받고 좌절될 위기에 처할 때마다 하나님께서 오묘하게 그 명맥을 이으시고 결국 예수 그리스도를 인간으로 이 땅에 보내시는 이야기입니다.

권선징악을 다루는 이야기와 원수를 향한 복수극, 숭고한 사랑 이야기, 위험과 공포를 극복하는 이야기, 전쟁과 영웅 이야기, 외계에 대한 상상과 멸망과 생존 등을 다루는 공상과학 등 모든 이야기가 정도의 차이가 있을 뿐, 구원을 말하고 있습니다.

성경의 첫 부분에서부터 우리는 죄와 쫓겨남, 죄를 덮는 것과 회복에 대한 열망 그리고 약속의 예언을 읽을 수 있습니다. 선악과를 따먹지 말라는 경고를 어기고 죄의 몸이 된 아담과 이브에게 하나님은 동산에서 추방하는 벌을 내리십니다. 그리고 벌거벗은 그들에게 동물의 가죽으로 만든 옷을 입혀주십니다. 이것은 반드시 피를 흘리는 희생이 있어야만 부끄러움을 덮을 수 있다는 것을 눈으로 보고 알게 하신 이야기입니다.

〈해님 달님〉에 나오는 굵은 동아줄과 썩은 동아줄처럼, 세상과 사람의 마음은 선과 악이 싸우는 곳입니다. 얼핏 보기에는 똑같아 보이지만 하나는 하늘로, 하나는 땅속으로 이끕니다. 하나님의 은혜를 받아들이고 선을 행한 사람은 세상에서 고난을 받을지라도 결국 구원에 이르게 되고, 하나님 반대편의 악은 결국 실패하여 심판을 받으며 영원한 형벌을 받습니다.

알렉상드르 뒤마(Alexandre Dumas)의 소설 『몬테크리스토 백작』(암굴왕)을 보면 두 친구가 나옵니다. 교활한 페르낭은 주변 사람들과 모의해 성실한 자기 친구 에드몽 당테스를 곤경에 빠뜨리고, 악명 높은 바스티유감옥에 갇히도록 만듭니다. 그는 친구의 연인까지 돌보아 주는 척하다가 자신이 차지해버리고 당테스가 죽었다는 거짓말까지 합니다.

그러나 당테스는 독방 감옥 옆 칸에서 만난 파리아 신부의 도움을 받아 많은 지식과 학문을 습득하고 극적으로 탈출하게 됩니다. 그는 보물지도까지 얻어 몬테크리스토 백작이라는 신분 높은 가공의 인물로 돌아와 옛 친구가 사는 지역의 사교계로 잠입합니다. 그는 페르낭과 함께 자신을 괴롭힌 적들에게 접근해 통쾌하게 복수합니다. 끝내 결투를 통해 페르낭마저 죽인 뒤 연인과 아들을 되찾아 새로운 땅인 몬테크리스토섬으로 향합니다.

예수 그리스도를 믿고 따르는 것은 선택의 문제입니다. 한 친구는 정의의 편에, 한 친구는 악의 편에 섭니다. 예수 그리스도를 믿고자 하는 자는 그가 구원에 이르지 못하도록 유혹하는 마귀의 세력에 의해 고난을 당하듯이, 모함을 당한 친구는 잘못이 없는데도 감옥에 갇힙니다.

고난이 없이는 영광도 없듯이, 진정한 그리스도인으로 예수님이라는 포도나무의 가지가 되어 참 열매를 맺으려면 아프지만 가지치기를 통해 양분이 불필요하게 낭비되는 것을 막아야 합니다. 그래야 튼실한 열매가 맺힙니다. 이것은 곧 절제의 열매입니다. 세상으로 흐르는 본성과 하나님이 아닌 자기가 원하는 것으로 향하는 마음을 잘라내야 하는 것입니다. 가지가 잘리는 고통은 마치 감옥 생활과도 같지만 파리아 신부를 만난 당테스가 온갖 학문과 기술을 전수받고 보물섬 지도까지 얻어 섬을 탈출한 것처럼, 고난을 통과하면 참 비밀을 알게 되고 자유와 함께 참된 보화를 얻게 됩니다.

당테스를 괴롭힌 친구 페르낭은 마귀입니다. 마귀는 우리를 참소하고 고소하는 존재입니다. 구원받은 이후에도 우리의 죄성을 계속 부채질하고 죄의식을 심어 하나님의 용서를 무색게 하며 자멸하게 만듭니다. 또 연인을 빼앗듯 희망도 빼앗아버립니다. 마귀는 궁극적으로 내 힘만으로는 물리칠 수 없는 존재입니다. 그가 하나님을 향해 우리의 악함과 자격 없음을 고소하고 헐뜯을 때 우리를 위해 중재하시며 변호하시는 분이 예수님이십니다.

하나님의 능력을 입어 마귀를 대적하듯이 모든 준비를 갖춘 당테스는 드디어 페르낭을 향해 칼을 겨눕니다. 그리고 승리하여 연인을 되찾습니다. 연인과 함께 새로운 땅으로 향합니다. 이처럼 몬테크리스토 백작 이야기에는 매우 성경적인 원리가 숨어 있습니다. 또한 주인공 당테스, 즉 몬테크리스토는 죽음과 부활과 승리를 이루신 예수 그리스도의 이야기와도 비슷한데, 스페인어 크리스토(Cristo)는 '그리스도'를 뜻하기도 합니다.

모든 민족의 뿌리는 하나에서 비롯되었기 때문에 우리나라에서도 이와 비슷한 이야기를 찾아볼 수 있습니다. 오랜 세월 구전된 『춘향전』을 살펴보면 이야기의 구조가 성경의 원리와 상당 부분 일치합니다.

성춘향은 조신한 규수지만 기생 월매의 딸인 천한 신분으로, 죄의 몸을 갖고 태어난 인간을 의미합니다. 자신이 아무리 고고하게 살아간다 해도 양반과 혼인하는 것 외에는 신분상승이 불가능한 처지였지요.

사또의 외아들 이몽룡은 예수 그리스도를 상징합니다. 인간은 하나님의 외아들인 예수님을 통해서만 구원받을 수 있습니다. 서로 사랑하는 춘향과 몽룡이 혼인하면 춘향은 사또의 며느리요 몽룡의 아내로 신분이 바뀌고, 기생의 딸이었던 과거는 중요치 않게 됩니다.

그런데 몽룡이 과거를 보러 한양에 간 사이에 새로운 사또인 변학도가 부임합니다. 탐관오리인 그는 사탄 마귀를 상징합니다. 그는 마을 처자들과 춘향에게 정절을 포기하고 수청을 들 것을 강요합니다. 많은 여자들이 굴복했지만, 춘향은 몽룡이 돌아와서 자기를 반드시 구해주리라 믿으며 끝까지 거부하고 수절하며 옥살이 중에도 정절을 지켰습니다.

하지만 몽룡은 과거에 급제해 어사가 된 신분을 숨긴 채 남루한 옷차림으로 고향에 나타납니다. 그리고 그것을 본 사람들은 실망합니다. 예수님이 촌구석인 나사렛 목수의 아들로, 낮은 자의 모습으로 오자 사람들이 실망하여 그를 배척한 것과 같습니다. "어떤 대언자도 자기 고향에서는 인정받지 못하느니라"(누가복음 4:24)라고 예수님께서 말씀하셨듯이, 영안이 열리지 못한 이스라엘 백성들은 슈퍼맨과 같은 정치적 구세주를 기대하고 외적인 것만 보았기 때문에 하나님의 아들을 알아보지 못했습니다.

춘향도 기다리던 몽룡을 만납니다. 몽룡의 모습이 뜻밖이었지만 그래도 그에 대한 사랑을 포기하거나 배신하지 않았습니다. 이는 참된 성도의 모습과 같습니다.

숨어 있던 몽룡은 마침내 결정적인 순간에 마패를 꺼내 들고 '어사출또'를 감행하여 변학도를 심판합니다. 성경은 예수님의 재림과 심판도 이처럼 도둑같이 임한다고 말씀합니다. 활개 치던 마귀가 심판 후 바닥없는 구덩이(무저갱)에 갇히듯 변학도는 옥에 갇힙니다. 춘향은 그리워하던 몽룡과 혼인하여 그의 신부로 좋은 집에서 호강하며 오래오래 잘 살게 됩니다. 성도가 영원한 천국에서 신랑되시는 예수님과 즐겁게 사는 것과 마찬가지입니다.

『심청전』에는 불교적 소재들이 등장하지만 이 역시 구원의 압축된 모습입니다.

효성이 지극한 딸 심청은 눈먼 아버지 심학규의 눈을 뜨게 하기 위해 승려에게 약속한 공양미 삼백 석에 팔려 갑니다. 심학규는 이 사실을 나중에야 알게 되고, 뺑덕어멈에게 이용당하여 모든 가산을 탕진합니다. 심청은 죽어서 용궁으로 가게 되고, 연꽃이 되었다가 인간으로 돌아와 왕후가 되어 맹인들을 위한 잔치를 벌입니다. 심학규는 그 잔치에 왔다가 딸을 만나면서 눈을 뜨게 됩니다.

부족하고 눈이 열리지 못한 인간을 위해 은 30개에 팔려 죽게 되는 예수 그리스도. 그러나 그는 부활하여 마귀의 포로로 이용당하던 인간의 구원자가 되고, 천국 잔치를 베풀 때 구원받은 성도들을 초청합니다. 그곳에서 인간은 보지 못했던 것들을 모두 보고 확실히 알게 될 것입니다.

이처럼 이야기의 구조적 특성을 주목하면 구원이 보입니다. 그러므로 민족을 따지기 전에 그 뿌리의 뿌리를 살펴보고, 하나님이 다른 사람들만을 위한 신이 아님을 알아야 할 것입니다.

05

내가 왜
믿어야
하죠?

기독교의
하나님만
진짜 신이다

하나님을 믿기 전에
그분을 바로 아는 것이 참으로 중요합니다.
기독교에서 말하는 참 하나님은
어떤 분이신지 알아봅니다.

트리니티,
삼위일체의 하나님

"하나님께서 이르시되, 우리가 우리의 형상으로 우리의 모양에 따라 사람을 만들고…"(창세기 1:26 상반절).

이 말씀에서 보듯 천지창조 때부터 하나님은 복수로 표현되고 있습니다. 또한 창세기에도 하나님이 인간의 땅에 내려오실 때 모두 복수 형태로 등장합니다. 하나님을 뜻하는 히브리어 '엘로힘'은 복수명사인데, 뒤에 나오는 동사는 단수로 이어집니다. 모순처럼 보이지만 이는 세 분이 '한 하나님'이심을 정확하게 드러냅니다. 성경은 무척 민감한 책입니다. 심지어 단어의 과거형 또는 진행형, 복수형과 단수형 등으로도 놀라운 진리의 비밀들을 구별할 수 있는 책입니다.

많은 이들이 기독교가 유일신을 주장하면서 다른 종교를 배격한다는 이유로 싫어합니다. 그러나 엄밀히 말하면 기독교는 유일신교가 아닙니다. '한 분'이 아니라 '한 하나님'이시기 때문에 유일한 창조주인 것은 사실이지만 이슬람교에서 말하는 것과 같은 그런 유일신의 개념이 아닙니다. 이슬람교도들은 예수를 신으로 인정하지 않으며 무함마드(마호메트)보다도 낮은 예언자로 보기 때문에 그들이 믿는 알라는 기독교의 하나님과 같은 존재가 아닙니다. 이산가족을 찾을 때 가족의 정확한 특징이나 이름 등을 알아야 제대로 찾을 수 있는 것처럼 아무리 비슷해 보여도 이슬람교는 완전히 다른 종교임을 알아야 합니다.

기독교인 중에서도 삼위일체의 개념을 혼동하는 이들이 있는데, 한 사람이 남편도 되고 아빠도 되며 사위도 되는 그런 개념으로 생각하는 경우가 있습니다. 이것은 '양태론'이라고 하는 잘못된 개념입니다. 기독교에서 말하는 삼위일체의 하나님은 '세 인격체가 모여 한 하나님이 되시는' 원리입니다.

"하늘에 증언하는 세 분이 계시니 곧 아버지와 말씀과 성령님이시라. 또 이 세 분은 하나이시니라"(요한일서 5:7).

위 구절에 등장하는 '말씀'은 곧 예수 그리스도, 아들 하나님을 뜻합니다.

"말씀이 육신이 되어 우리 가운데 거하시매 (우리가 그분의 영광을 보니 아버지의 독생하신 분의 영광이요) 은혜와 진리가 충만하더라"
(요한복음 1:14).

이처럼 결코 분리될 수 없는 '셋이면서 하나'인 개념은 일반적인 계시로도 알 수 있는 내용입니다.

우주의 3요소 공간, 물질, 시간

우주는 '공간-물질-시간'의 3요소로 이루어져 있습니다. 놀랍게도 창세기 1장 1절에 이 세 가지 요소가 모두 드러나 있습니다.

"처음에(시간) 하나님께서 하늘(공간)과 땅(물질)을 창조하시니라"

'공간'이라는 것은 모든 곳에 있지만 볼 수도 없고 실제가 아닌 것처럼 생각됩니다. 그러나 '물질'과 모든 현상은 이 공간 속에서 나타납니다. 그런데 그 현상들은 '시간'이 없으면 체험될 수 없습니다. 즉, 공간이 없다면 물질이 드러날 수 없고, 시간이 없다면 물질과 공간은 경험될 수 없습니다. 마찬가지로 공간이 없다면 물질은 존재할 수 없고, 시간도 무의미합니다. 이처럼 우주의 3요소는 그 자체가 전체이며 삼위일체 하나님과도 무척 닮아있는 개념입니다.

또한 공간-물질-시간은 각각의 요소가 또 다시 3요소로 구분됩니다.

1. 공간의 3요소 : 공간의 삼위일체는 '1차원-2차원-3차원'으로 구분합니다(4차원 이상은 인간의 개념을 뛰어넘은 것임). 1차원은 선이며 2차원은 선들이 만나 이루는 면입니다. 3차원은 면들이 만나는 입체입니다.

동물 중에도 직선 운동만을 하는 1차원 동물들이 있고, 방향감각은 있는데 공간감각이 없는 2차원 동물들이 있습니다. 그들에게 3차원 동물들은 나타났다 사라지기도 하고 갑자기 먹이를 가지고 등장하는 등 기적을 행하는 것처럼 보입니다. 마찬가지로 3차원에 사는 인간의 눈에는 4차원의 존재와 행동이 기적처럼 느껴집니다.

2. 물질의 3요소 : 물질의 삼위일체는 '에너지-운동-현상'입니다. 물질의 특성이 바로 에너지입니다. 물질의 기본단위인 원자는 전자들의 끊임없는 운동, 즉 원자핵의 주변을 도는 움직임이 현상으로 나타납니다. 그러므로 운동이 없으면 현상으로 관측될 수 없으며 이 세 가지 요소 또한 서로 필수불가결한 구성이 되는

것입니다.

3. 시간의 3요소 : 시간의 삼위일체는 '과거-현재-미래'입니다. 이중 어느 것 하나라도 빠지면 시간이 될 수 없습니다. 과거는 지나간 것이고 미래는 아직 오지 않은 것이지만 그것은 현재로 드러나며, 현재는 미래에 대한 이해와 과거의 경험을 끊임없이 연결해 줍니다.

그러므로 3차원의 우주는 '공간' 안에 존재하며 '물질'에 의해 나타나고 '시간'을 통해 경험되고 이해됩니다. 우주는 통합된 하나의 질서 안에 있는 것이므로 멀티버스(multi-verse)가 아닌 유니버스(universe)로 불리는 것입니다.

이처럼 '아버지-아들-성령님'의 삼위일체 하나님의 모습이 우주와 모든 것에 나타납니다. 아버지 하나님은 만물의 근원이시며 어디에나 계시지만 우리는 그분을 볼 수 없고 느낄 수도 없습니다. 그러나 보이지도 느껴지지도 않는 창조주는 우리에게 아무 의미가 없으므로 어느 시간이나 공간에 나타나고 알려져야 했습니다. 그래서 아들 예수 그리스도가 사람들에게 인간의 모습으로 나타나셨던 것입니다.

"그분 안에는 하나님의 신격의 모든 충만이 몸으로 거하고"

(골로새서 2:9).

아버지와 아들은 모두에게 주관적으로 경험되어야 하며 창조물의 생명은 창조자와 연합되어야 하므로 성령님이 창조물들 위에서, 혹은 안에서 거하시고 힘을 주심으로 능력을 느낄 수 있게 하십니다. 그러므로 이 세 분의 인격체는 결국 하나이고 각각은 결코 분리될 수 없으며, 하나만으로는 온전하게 이해할 수 없는 것입니다.

사람 또한 '영-혼-육'으로 구성되어 있으며 아무리 작고 얇은 물체라 해도 '길이-넓이-두께'가 있습니다. 이런 각각의 요소는 하나만으로는 제 기능을 할 수 없기 때문에 모두 연결돼 있습니다. 따라서 세 인격체로 한 하나님이 되시는 원리는 마치 여러 명으로 이루어진 식구들을 '한 가족'이라고 부르는 것과 비슷하다고 하겠습니다.

"이는 하나님을 알 만한 것이 그들 속에 분명히 드러나 있기 때문이라. 하나님께서 그것을 그들에게 보이셨느니라. 그분의 보이지 아니하는 것들 곧 그분의 영원하신 권능과 신격은 세상의 창조 이후로 분명히 보이며 만들어진 것들을 통해 깨달아 알 수 있나니 그러므로 그들이 변명할 수 없느니라"(로마서 1:19~20).

변명할 수 없다는 것이 부당하게 느껴질지도 모르겠습니다. 그러나 조금만 관심을 가지고 찾아보십시오. 분명히 하나님을 발견하는 길에 도달하시리라 믿습니다. 하나님을 과학으로만 이해하는 것은 바람직하지 않지만 이런 원리들은 하나님을 믿는 사람들끼리 짜 맞춘 것이 아니라 충분히 '일반적'이라는 것입니다.

한편 사람은 삼위일체는 아니지만 '영-혼-육'의 삼중적 존재입니다. 우리의 혼은 각자의 몸에 갇혀 있습니다. 성경을 따라 말씀드리자면, 영의 외곽은 혼이고, 혼의 외곽은 몸입니다. 우리의 영과 혼은 3차원에 머무는 몸을 지니고 있는 동안 육체를 벗어날 수 없습니다.

성경은 모든 영이 죽으면 하나님께 돌아가고, 육신은 무덤으로 가거나 부패되며, 혼은 천국이나 지옥으로 간다고 말씀합니다. 짐승의 영은 땅으로 내려갑니다.

"그때에 흙은 전에 있던 대로 땅으로 돌아가며 영은 그것을 주신 하나님께로 돌아가리로다"(전도서 12:7).

"위로 올라가는 사람의 영과 땅으로 내려가는 짐승의 영을 누가 알리요"(전도서 3:21).

하나님을 소개합니다

기독교는 맹목적인 믿음을 요구하지 않습니다. 성경은 우리 크리스천들에게, 우리가 가진 소망의 이유를 묻는 이들에게 늘 대답할 것을 준비하라고 했습니다(베드로전서 3:15). 여기서 '대답'에 해당하는 뜻은 '근거에 의한 변증이며 객관적이고도 체계적인 방어'입니다. 물론 하나님께서는 이런 대응을 두려움과 온유함으로 하라고 하셨습니다. 지금부터는 하나님이 누구신지 소개할까 합니다.

만물에 나타난 속성은 곧 하나님의 속성입니다. 반대로 말하면 이 세상의 모든 것들을 살펴보면 그 근원의 속성을 파악할 수 있다는 뜻입니다.

앞서 '결과는 원인보다 클 수 없다'고 했듯이, 만물의 제1원인은 무한한 공간과 시간만큼 무한하고 영원한 것이어야 합니다. 모든 에너지와 힘의 근원은 모든 것이 가능한 존재여야 하며 무한한 복잡성의 근원은 모든 것을 알고 있어야만 합니다. 곧, 전지전능해야 한다는 것입니다.

또한 세상에 충만하며 인간을 웃고 울게 하는 위대한 감정인 사랑의 근원은 사랑을 베푸는 존재여야 합니다. 그리고 생명의 근원은 살아있는 것이어야 합니다. 생명은 생명에서만 나오기 때문입니다. 사람이 먼지에서 생겨났다면 인간의 사랑은 어느 시점에 생겨났을까요? 마음과 정신은 언제 생겼습니까? 짐승은 흉내 낼 수 없는 숭고한 희생과 거룩한 사랑과 아름다움을 볼 줄 아는 마음은 창조자의 속성이 나타난 것이지, 중도에 생겨난 산물이 아닙니다.

사람은 남에게 사랑을 받을 때보다 사랑을 줄 때 더 큰 기쁨을 얻는 존재입니다. 비록 실천하지는 못할지라도 거짓보다는 진실을, 분노보다는 온유함을, 빼앗기보다는 나누기를, 미움보다는 사랑을 원하며 진실과 온유와 나눔과 사랑이 더 좋다는 것을 우리는 알고 있습니다. 인간이 악한 것보다 선한 것들을 더 낫게 여기는 자체로(선과 악이 비록 대립구도처럼 보이지만) 선과 악의 창시자는 동등한 존재가 아님을 알 수 있습니다. 결국 가장 근본적인 신은 진실하시고 온유하시며 늘 베푸시는 사랑의 신입니다.

세상 모든 것은 가만히 놓아두면 썩고 파괴되고 무너집니다. 그러나 자연과 세상은 오랜 세월 매우 잘 유지되고 있습니다. 아무도 돌보지 않는 땅에도 바람과 곤충들이 옮긴 씨앗들이 자라나 아름다운 꽃과 열매를 맺으며 인간의 식량과 즐거움이 됩니다. 아기도 태어나면서부터 무럭무럭 자라고, 상처가 나도 새살이 돋아나면서 치유됩니다. 과학의 법칙에 반하는 이 모든 것은 일종의 기적입니다. 이것은 우연이 아닌 하나님의 능력입니다. 그래서 하나님은 영원하시고 모든 곳에 계시며 선하시며 전지전능하신 거룩한 분입니다.

하나님이 아닌 것에 유의하라

하나님에 대해 잘못 알려진 것들도 있습니다. 이것은 '기독교가 아닌 것'으로 보아야 하는 것들입니다.

먼저 '영지주의'를 조심해야 합니다. 이것은 하나님은 모두 영적인 것이고 영적인 개념이라는 뜻으로, 예수님의 오심과 죽으심, 부활과 승천 등의 일들을 모두 영적으로 받아들이고 영적으로만 해석하는 것입니다. 이는 이미 성경에 경고가 되어 있습니다.

"예수 그리스도께서 육체 안에 오신 것을 시인하지 아니하는 영마다 하나님께 속하지 아니하였나니 이것이 적그리스도의 그 영이니라. 그것에 관하여는 그것이 오리라는 말을 너희가 들었거니와 그것이 지금 이미 세상에 있느니라"(요한일서 4:3).

신은 하나의 에너지이며 힘이라는 주장도 있습니다. 신을 믿지 않는 사람들도 "만물을 운행하는 어떤 힘이 있다고 느끼지만 그것이 당신들이 믿는 하나님인지는 모르겠다"라고 말하는 경우가 있습니다. 이렇게 사람들이 느끼는 힘, 어떤 우주적 힘이 바로 신이라는 해석입니다. 이런 현상도 이미 성경에 예언되어 있습니다.

약 2,500년 전에 기록된 다니엘서 11장 38절에는 마지막에 사람들이 '힘의 신(God of forces)', 즉 세력의 신을 섬길 것이라고 했습니다. '힘'을 신(god)의 일종으로 여긴다는 것이 아니라 하나님(God), 즉 창조주이자 참된 하나님으로 대치한다는 뜻입니다. 그러나 하나님은 그런 것으로 대치할 수 있는 분이 아닙니다.

인간이 교주가 되어 스스로 신이라고 하거나 재림한 메시아라고 주장하는 일도 모두 성경에 없는 거짓입니다. 그들은 기독교의 겉모습만 이용할 뿐 기독교가 아닙니다. 다른 종교를 인정하는 일이나 서로 다른 종교를 통합하는 행위, 예수의 육신적 어머니인 마리아를 숭배하거나 역사 속의 인물들 또는 그들의 유품을 숭배하는 행위 등도 참 기독교와는 거리가 먼 일들입니다. 또한 신비주의적 은사를 중시하거나 과도한 헌금을 강조하고 고통과 자해를 강요하며 그것으로 구원에 이를 수 있다고 주장하는 행위도 마찬가지입니다.

한편 모든 것은 통하며 어느 종교를 통해서도 구원에 도달할 수 있다고, 결국 다 절대자에게 이르는 같은 길이라고 속삭이는 자들이 있는데, 그것은 마귀의 교리입니다.

  기독교를 싫어하는 분이라도 하나님을 오해하지는 마시기 바랍니다. 크리스천들이 잘못해서 하나님의 영광이 드러나지 못하고 있을 뿐입니다. 우리에게는 이 세상에서의 복을 지나치게 바라고, 재물을 섬기며, 교회의 각종 직분과 서열을 사고팔고, 많은 비리와 부도덕에 동참하는 등등 부끄러운 모습이 많습니다. 그러나 하나님이 그렇게 가르치신 것이 아닙니다. 그분의 거룩하심은 훼손되어서는 안 되는 귀한 것입니다.

  하나님은 한 영혼이 온 천하보다도 귀하다고 말씀하십니다. 사람이 자기 생명을 하늘과 땅의 그 무엇과 바꾸겠습니까. 하나님은 사람의 마음을 보시고 외모를 보지 않으십니다. 또한 일의 결과만 보는 것이 아니라 동기와 과정을 중요하게 여기십니다. 그래서 부자가 먹고 남은 것에서 헌금한 많은 돈보다 가난한 자가 자기 생활비의 전부로 헌금한 작은 돈이 훨씬 크다고 하십니다. 그리고 죄를 용서하시면 다시는 그것을 기억하지 않으십니다. 이런 모습이야말로 정말 공의로운 재판관의 모습이 아닙니까.

  하나님은 반드시 약속을 지키시며, 줬다 뺏는 치사한 일은 하지 않으십니다. 사람과의 약속은 불안하지만 하나님과의 약속은 영원합니다. 또한 하나님은 상대적으로 사람을 비교하거나 평가

하시지 않습니다. 아무리 잘해도 엄마 친구의 아들보다 못하면 욕먹는 그런 시스템이 아닙니다. 하나님은 모든 사람이 회개하고 돌아오기를 기다리십니다. 물론 더 좋은 상을 받게 될 사람도 있겠지만 그것은 열심히 일한 대가이며 선물일 뿐 비교나 차별이 아닙니다. 천국에는 커트라인이 없으며 누구라도 일정한 기준을 넘어서면 됩니다. 이 모두가 합리적인 일들입니다.

하나님은 인간에게 무조건적인 사랑을 주시고 우리가 모든 것에서 자유하기를 바라십니다. 어둠의 땅에서 종살이하지 말고 그곳에서 나와 참된 자유를 누리며 영원히 좋은 곳에서 특권을 누리며 살라고 말씀하십니다. 부디 그분의 초청을 거절하지 마시기 바랍니다.

내가 왜
믿어야
하죠?

06

내가 왜
믿어야
하죠?

예수님에 관한 성경의 예언이 모두 성취됐다

예수님이 하나님의 아들이며
예정된 구원자라는 것을 아십니까?
구약에 나타난 메시아의 조건들에 관한
예언과 상징들이 어떻게 이루어졌는지 살펴봅니다.

처녀가
아들을 낳음

다음에 소개하는 구약성경의 예언들은 예수님이 태어나기 전에 이미 기록되었다가 성취된 것들 중 대표적인 것입니다.

"그러므로 주께서 친히 한 표적을 너희에게 주시리라. 보라, 처녀가 수태하여 아들을 낳고 그의 이름을 임마누엘이라 하리라" (이사야 7:14). -BC 700년경

처녀의 몸을 통해 구세주가 오신다는 것을 예수님 탄생 700년 전에 예언한 대목입니다. 창세기 3장 15절에서, 하나님은 아담을 유혹한 뱀에게 저주를 내리시면서 "내가 너와 여자 사이에 또 네 씨와 그녀의 씨 사이에 적개심을 두리니 그 씨는 네 머리를 상하게 할 것이요, 너는 그의 발꿈치를 상하게 할 것이니라" 하고 말

씀하셨습니다. 여자의 씨란 처녀의 몸에서 탄생할 예수 그리스도를 뜻하는 것입니다.

아기의 모습으로
오심

"이는 한 아이가 우리에게 태어났고 한 아들을 우리에게 주셨는데 그의 어깨에는 정권(government)이 놓이고 그의 이름은 놀라우신 이, 조언자, 강하신 하나님, 영존하는 아버지, 평화의 통치자라 할 것이기 때문이라"(이사야 9:6). —BC 700년경

메시아인 예수 그리스도가 아기의 모습으로 오실 것을 예언한 내용입니다. 또한 예수님께서 삼위일체 하나님 중 한 분이며 하나님의 본체이심을 드러내는 말씀입니다.

베들레헴에서 태어나심

"그러나 너 베들레헴 에브라다야, 네가 유다의 수천 가운데서 작을지라도 이스라엘에서 치리자가 될 자가 네게서 내게로 나오리라. 그의 나아감은 옛적부터 있었으며 영원부터 있었느니라"(미가 5:2). -BC 700년경

이스라엘의 구세주는 베들레헴에서 태어난다는 뜻입니다. 요셉과 마리아는 나사렛 지방 사람이지만 아우구스투스의 칙령으로 조세 등록을 하러 베들레헴에 갔을 때 예수님이 태어났습니다. 이 말씀은 또한 예수님의 구원 계획이 태초부터 있었던 것임을 말씀하고 있습니다.

이스라엘에는 베들레헴이 두 곳 있는데, 정확을 기하기 위해 유다 땅에 있는 '베들레헴 에브라다'를 꼭 집어서 기록했습니다.

나귀를 타고
예루살렘에 입성하심

"오 시온의 딸아, 크게 기뻐할지어다. 오 예루살렘의 딸아, 크게 외칠지어다. 보라, 네 왕이 네게 임하시느니라. 그분은 의로우시고 구원을 소유하시며 겸손하사 나귀를 타시되 나귀 새끼 곧 어린 수나귀를 타시느니라"(스가랴 9:9). -BC 500년경

예수님께서 예루살렘 도시로 들어가실 것을 미리 알린 것입니다. 다윗의 권좌에서 다스릴 왕의 입성으로는 너무나 의외의 모습인, 초라하게 나귀를 타실 것을 예언한 부분입니다. 이 날 왕으로 예루살렘에 입성하심으로써 또 하나의 예언이 이루어진 것입니다.

가룟 유다의 행적에 대한 예언

"내가 그들에게 이르되, 너희가 좋게 여기거든 내 값을 내게 주고 그렇지 아니하거든 그만두라, 하매 이에 그들이 은 서른 개를 달아 내 값으로 삼으니라"(스가랴 11:12). −BC 500년경

주님의 제자였던 가룟 유다는 은 서른 개에 예수님을 팔아넘깁니다. 그리고 후에 이 일을 후회하여 대제사장을 찾아가 자기가 죄 없는 분을 팔아 넘겼다고 고백합니다. 하지만 그들은 자신들과 상관없는 일이니 네가 감당하라고 합니다. 결국 유다는 은을 성소에 던져 넣고 나가 목을 매 자살합니다. 수제사장들이 그 은들을 거두어 이것은 피 값이므로 성전 보고에 두면 율법에 어긋난다면서 그 돈으로 토기장이의 밭을 사서 나그네의 묘지로 삼아 그 밭은 '피밭'으로 불렸습니다(마태복음 27:5-8). 유다는 자기 죄를 후회했지만 끝내 회개하지 않은 채 자살하고 만 것입니다.

십자가 죽음 후
다리뼈가 꺾이지 않음

"그것을 아침까지 조금도 남겨 두지 말며 그것의 뼈를 하나도 꺾지 말고 유월절의 모든 규례에 따라 그것을 지킬 것이니라"
(민수기 9:12). —BC 1400년경

원래 십자가형이 끝나면 다리뼈를 꺾어 죽음을 확인하지만, 로마 병사들이 예수님에게는 그렇게 하지 않았습니다. 뼈를 꺾지 않은 것은 예수님이 유월절 양이기 때문입니다. 유월절은 유대인들의 자유와 구원을 준 절기입니다. 양의 희생을 통해 이스라엘 백성이 이집트의 종살이에서 벗어났듯이, 예수님의 희생은 사람을 죄에서 자유롭게 합니다. 죽음의 재앙이 파라오(바로 왕)의 장자와 이집트 사람들의 처음 낳은 것들에게 임할 때 양의 피를 문의 인방과 양 옆 기둥에 바른 집은 사망에서 보호받았듯이 예수님의 보혈을 믿는 자마다 하나님의 진노로부터 보호를 받습니다. 하나님은 그 집에 누가 있는가가 아니라 양의 피가 있는지만 보십니다.

"그 피가 너희가 거하는 집 위에 있어 너희를 위해 표가 되게 할지니라. 내가 그 피를 볼 때에 너희를 넘어가리니 내가 이집트 땅을 칠 때에 그 재앙이 너희 위에 임하여 너희를 멸하지 아니하리라"(출애굽기 12:13).

우리 죄를 위해
대신 고난을 당하실 것

"…그는 사람들에게 멸시를 당하고 거부되었으며 슬픔의 사람이요, 고통을 잘 아는 자라. 우리는 그를 피하려는 것 같이 우리의 얼굴을 감추었으며 그는 멸시를 당하였고 우리는 그를 귀히 여기지 아니하였도다. 참으로 그는 우리의 고통을 짊어지고 우리의 슬픔을 담당하였거늘 우리는 그가 매를 맞고 하나님께 맞아 고난을 당한다고 생각하였노라. 그러나 그는 우리의 범죄들로 인해 부상을 당하고 우리의 불법들로 인해 상하였노라. 그가 징벌을 받음으로 우리가 화평을 누리고 그가 채찍에 맞음으로 우리가 고침을 받았도다. 우리는 다 양 같아서 길을 잃고 각각 자기 길로 갔거늘 주께서는 우리 모두의 불법을 그에게 담당시키셨도다. 그가 학대를 당하고 고난을 당하였어도 자기 입을 열지 아니하였으며 도살장으로 향하는 어린양 같이 끌려가 털 깎는 자 앞에서 잠잠한 양 같이 자기 입을 열지 아니하는

도다. 그는 감옥에도 가지 못하고 공정한 재판도 받지 못하였으니 누가 그의 세대를 밝히 드러내리요? 그는 산 자들의 땅에서 끊어졌으며 내 백성의 범죄로 인하여 매를 맞았도다.

그가 자기 혼이 해산의 고통을 치른 것을 보고 만족하게 여기리라. 나의 의로운 종이 자기 지식으로 많은 사람을 의롭게 하리니 그가 그들의 불법들을 담당하리라"(이사야 53:3~8, 11).

–BC 700년경

마치 보고 나서 기록한 것처럼 예수님이 당하실 고통과 죽음과 그 이유를 세세히 그리고 있습니다. 예수님이 오시기 700년 전의 예언이 이렇게 명백한데도 유대인들은 예수님을 인정하지 않았습니다. 심지어 이 부분은 유대인들이 구약성경을 읽을 때 잘 읽지 않고 건너뛰는 대목이라고 합니다.

예수와 가롯 유다의
유월절 음모?

하나님의 말씀을 대언한 다양한 예언들은 역사 속에서 셀 수 없을 만큼 많이 성취되었습니다. 성경은 약 1,600년에 걸쳐 40여 명이 각각 다른 장소, 다른 시간에 쓴 것이며, 예언서의 기록자들은 뜻을 제대로 알지 못한 채 하나님의 말씀을 대언(대신 말함)한 것입니다. 그럼에도 불구하고 메시아는 300여 가지 조건을 모두 충족시켰습니다.

말라기 3장 1절에 따라 성전이 건재할 때 오셔야 했던 그분은 다윗의 후손이어야 했고, 그것을 족보로 입증할 수 있는 시기에 태어나야 했는데, 이 조건들이 모두 이루어집니다. 마태복음은 족보상의 아버지인 요셉이 아브라함과 다윗의 혈통임을 보여 주고, 누가복음은 마리아가 다윗과 아브라함은 물론이고 아담까지 이어진 혈통을 소개하고 있습니다. 누가복음 23장 23절은, 예수님이 족보상 요셉의 아들인데, 요셉은 헬리의 아들이라고 소개합니다. 그래서 이것도 요셉의 족보라고 혼동하기 쉽지만, 당시에는 여성이 족보에 오르지 않았기 때문에 요셉은 헬리의 사위이며, 헬리는 마리아의 친정아버지가 됩니다.

이스라엘의 처형법에 따른다면 예수님은 마땅히 돌에 맞아 죽으셔야 했지만, AD 7년에 랍비들이 사형을 집행할 수 있는 권한을 잃게 되어 유다의 홀(笏, 권위를 상징하는 단장이나 패)이 떠난 이후라서 로마인들의 처형방식인 십자가형을 당하셨습니다. 돌에 맞아 죽으셨다면 주님의 "모세가 광야에서 뱀을 든 것 같이 사람의 아들도 반드시 들려야 하리니"(요한복음 3:14)라는 말씀을 충족시킬 수도 없고, 물과 피를 모두 흘리는 속죄의 희생제물이 되실 수도 없었을 것입니다.

이처럼 너무나 명백한 예언과 성취에 대해 일부 회의론자들은 예수님이 예언들을 이루기 위해 가룟 유다와 짜고 정해진 수순을 밟았다는 '유월절 음모론'을 펼치기도 합니다. 그러나 수백 가지의 예언을 그대로 따라하면서 한 사람은 메시아인 척하기 위해 십자가에 달려 죽고, 한 사람은 그를 팔고 목을 매 죽는다는 말입니까. 막상 그 조건을 모두 해 내기도 불가능할 것입니다.

부활은 더욱 명백한 증거가 됩니다. 예수님이 죽으신 이후 이제껏 아무도 찾지 못한 주님의 시신도 그렇고, 당시 많은 무리의 증언도 그렇습니다. 만일 로마 군인들의 삼엄한 경비를 뚫고 시체를 훔쳤다면 병사들 중 누군가가 징계로 처형당했을 것입니다. 진정한 부활을 보지 못했다면 십자가 처형 때 거의 다 도망갔던 나약한 제자들의 죽음을 각오한 복음 전파는 이해할 수 없는 일일 것입니다. 사도 바울의 획기적인 회심이나 증인들의 증언, 또 끝까지 믿음을 배반하지 않고 순교당한 수많은 신앙인의 선택도 있을 수 없었을 것입니다.

유대인들의 결혼 풍습은, 먼저 정혼을 하고 나중에 신랑이 신부를 데리러 옵니다. 육체적 결합이 없는 정혼 상태에서도 결혼 관계가 인정됩니다. 이와 같이 신랑되신 예수 그리스도께서도 신부인 교회(성도)와 정혼한 상태이므로 다시 오실 것입니다. 그때 교회가 휴거되면 진정한 유대인들은 그제야 주님을 알아보고 7년의 환난 기간을 통해 구원을 얻을 것입니다.

십자가 처형이 끝나고 온 땅에 어둠이 덮이면서 주님이 숨을 거두시자 성전 휘장이 둘로 나뉘며 위에서 아래로 찢어졌습니다. 그때 예수님을 마주 보고 서 있던 백부장(100명을 다스리던 로마 장교)은 이렇게 말했습니다. 예수님의 재림을 보게 될 유대인들과 끝까지 믿지 않은 사람들도 이 말을 되뇌게 될 것입니다.

"진실로 이 사람은 하나님의 아들이었도다"(마가복음 15:39 하반절).

내가 왜
믿어야
하죠?

07

**내가 왜
믿어야
하죠?**

마귀가
정말
존재한다고?

세상의 많은 이들을 타락시키고
지옥으로 떨어지게 만드는 존재
'마귀'의 정체는 무엇일까요?
단순히 악한 '개념'이 아닌
그의 실체를 알아봅니다.

교만으로 타락한
마귀 루시퍼의 정체

사람들을 지옥으로 끌고 가려는 마귀는 누구일까요? 그것은 선의 반대편에 있는 '악의 개념'이나 '나쁜 생각' 같은 것이 아닙니다. 그는 영적인 존재이며 우리와 같은 인격적인 존재입니다. 마귀는 사람들을 지옥으로 끌고 가려고 하지만 결코 그들이 필요해서 그러는 것이 아닙니다. 그저 인류에게 화풀이를 하고 있는 것입니다.

'마귀' 하면 대개 선악의 갈등을 느끼는 사람의 한쪽 귀에 속삭이는 흰옷의 천사 반대편에 있는 검은 옷의 존재를 떠올릴 것입니다. 그러나 마귀는 뿔이 달리고 망토를 입고 삼지창을 들고 심술궂은 건달의 얼굴을 한 시시껄렁한 자가 아닙니다. 그는 원래 샛별로 불린, 기름부음 받은 그룹(cherub)이었습니다. 샛별은 히브리어로 힐렐, 영어로 루시퍼(Lucifer: 금성)입니다. '그룹'이란 천사와는 다른 영적 존재입니다.

지혜롭고 능력이 많았던 루시퍼는 인간이 창조되기 전에 타락했습니다. 교만으로 자신의 위치를 넘어서고 말았던 것입니다.

"오 아침의 아들 루시퍼야, 네가 어찌 하늘에서 떨어졌는가! 민족들을 약하게 만든 자야, 네가 어찌 끊어져 땅으로 떨어졌는가! 네가 네 마음속으로 이르기를, 내가 하늘로 올라가 내가 하나님의 별들 위로 내 왕좌를 높이리라. 또 내가 북쪽의 옆면들에 있는 회중의 산 위에 앉으리라. 내가 구름들이 있는 높은 곳 위로 올라가 내가 지극히 높으신 이와 같이 되리라, 하였도다. 그러나 너는 끌려가 지옥으로 곧 그 구덩이의 옆면들로 내려가리로다"(이사야 14:12~15).

"지극히 높으신 이와 같이 되리라…." 그는 타락하여 천사들의 3분의 1을 이끌고 하나님께 대적했습니다. 자신이 하나님을 넘어서고자 했던 것입니다. 그러나 그의 최후는 '끌려가 지옥으로 곧 그 구덩이의 옆면들로 내려가는' 것입니다. '구덩이의 옆면들'이라는 것은 구덩이의 밑이 없고 옆면만 있다는 것을 말해 줍니다. 즉 '바닥없는 구덩이'인데, 한자로 무저갱(無底坑)이라는 곳입니다.

교만한 마음, 나(자아)라는 존재를 알리고 높이고자 하는 마음은 사탄이 우리에게 가르친 죄입니다. 모든 일에 하나님이 먼저입니다. 자아를 버리지 못하면 마음이 언젠가 하나님의 자리를 넘보게 될 것입니다.

사탄 마귀는 오늘날 노골적인 숭배를 받는 존재이기도 합니다. 놀랍게도 미국에는 사탄을 숭배하는 사탄교회가 여러 개 있습니다. 앤턴 러비(Anton LaVey)라는 사람은 『사탄경(Satanic bible)』을 썼는데, 캘리포니아의 사탄제일교회(1st. Satan church)를 운영하고 있습니다. 록그룹 이글스(Eagles)의 〈호텔 캘리포니아〉가 수록된 음반에도 이 사람의 사진이 등장하는데, 그 노래의 가사 중 일부는 그 지역의 사탄제일교회에서 어린 아이들을 납치해 제물로 바치려 했던 사건을 다루고 있습니다.

『사탄경』 1장 1절은 "너 자신의 주인은 바로 너다"라고 시작된다고 합니다. 요즘 여러 곳에서 들리는 이야기를 들어보셨을 것입니다. "네 안에 있는 신적 존재, 거인을 깨워라… 너는 무엇이든 할 수 있다… 너는 가장 소중한 존재이며 엄청난 잠재력의 소유자다… 자기 자신을 사랑하라…." 이것은 에덴동산에서의 유혹과 똑같은 이야기입니다. 인간은 훌륭한 존재지만 창조주 없이는 그저 미미한 존재일 뿐입니다.

"뱀이 여자에게 이르되, 너희가 절대로 죽지 아니하리라. 너희가 그것을 먹는 날에 너희 눈이 열리고 너희가 신들과 같이 되어 선악을 알 줄을 하나님이 아시느니라, 하니라. 여자가 보니 그 나무가 먹기에 좋고 눈으로 보기에 아름다우며 사람을 지혜롭게 할 만큼 탐스러운 나무이므로 그녀가 그 나무의 열매를 따서 먹고 자기와 함께한 자기 남편에게도 주매 그가 먹으니라"(창세기 3:4~6).

너는 너 자신의 주인이므로 하나님 아래 속해 있지 말고 눈을 떠서 신들(gods)과 같이 되라고 합니다. '하나님(God)과 같이'가 아니라 신들 중 하나로 인간의 한계를 넘어설 수 있다고 한 것입니다. 하지만 자기를 부인하지 않는 자는 하나님 앞에 합당치 않습니다. 하나님이 주신 생명을 사랑하고 존귀함을 잃지 않는 것과 자기 자신을 높이고 사랑하는 것은 다릅니다. '자아'를 죽이지 못하는 사람은 마귀도 이겨낼 수 없습니다.

그러나 사탄의 활동은 하나님의 허락 안에서만 가능합니다. 또한 인간을 시험하고 꾀는 것이 그의 일이지만 유혹에 넘어가는 것은 전적으로 인간의 결정에 달렸습니다.

사탄 마귀의 가증한 속성들

마귀는 편재(遍在)하는 존재가 아닙니다. 다시 말해서 하나님처럼 모든 시간과 모든 장소에 존재할 수 없다는 것입니다. 그럼에도 불구하고 마귀(Devil)의 일은 그의 졸개들인 마귀들(devils)에 의해 진행됩니다. 사람들의 혼에 심은 죄악의 시스템에 따라 자동적으로 이루어져 마치 그가 편재하여 모든 사람을 조종하고 유혹하는 것처럼 비치고 있습니다.

아마도 사탄 마귀는 세상을 악으로 이끌고 조종하는 가장 중요한 인물들에게 직접적으로 영향력을 행사하고 있을 것입니다. 그리고 대부분의 사람은 마귀의 졸개들과 싸우거나 마귀가 주입한 죄의식과 싸웁니다.

사탄 마귀는 모든 사람을 하나님께 고소하는 자입니다. 구약성경에 나오는 욥이라는 사람은 하나님의 허락하에 마귀의 시험을 받았습니다. 이는 욥이 하나님의 축복 때문에 성실하게 사는 것일 뿐 고난을 만나면 하나님을 배반할 것이라며 사탄이 고소했기 때문입니다. 그렇기 때문에 이미 구원받고 하나님의 자녀가 된 사람도 자신의 부족함을 바라보며 자꾸만 자기 구원을 의심하고 낙심하게 됩니다. 그러나 하나님 앞에서의 회개나 날마다 새롭게 나아가는 것과 불필요한 자책은 다릅니다. 마귀의 고소와 모함으로 인한 자책감은 물리치고 하나님의 약속과 영원히 불변하시는 사랑을 의지해 담대하게 나아가야 합니다.

마귀는 자신을 선한 존재로 포장합니다. 성경은 이미 이것을 경고하고 있습니다.

"그것은 결코 놀랄 일이 아니니 사탄도 자기를 빛의 천사로 가장하느니라. 그러므로 그의 사역자들 또한 의의 사역자로 가장한다 하여도 그것은 결코 큰일이 아니니라. 그들의 마지막은 그들의 행위대로 되리라"(고린도후서 11:14~15).

이 말씀처럼 마귀와 그의 사역자들은 악한 것을 선한 것으로 둔갑시켜 전파합니다. 그래서 생명 없는 종교들과 기독교 이단을 조심하고, 세상의 악한 생각들에 빠져드는 것을 조심해야 합니다.

세상은 악합니다. 성폭력범들이 판치는데도 섹시하게 보이는 것을 자랑으로 압니다. 또 시청률과 매출을 위해 여성을 상품화 합니다. 아이들에게 해로운 줄 알면서도 점점 더 더러운 음악과 자극적인 게임을 만들고 눈길을 끌기 위해 죽고 죽이는 온갖 폭력물을 선보이며 손쉽게 접근할 수 있는 곳에 음란물이 넘쳐나게 만듭니다. 꼭 기독교인이 아니라 해도 많은 걱정을 하게 되지 않습니까. 그 원인이 어디에 있다고 생각하십니까? 이런 것을 제공하고 중독되게 하는 존재는 결코 선하거나 참된 신이 아닙니다.

마귀는 숭배자들의 섬김을 받지만 이미 마귀의 정체를 알고 있는 이들에게는 그저 없는 존재로 여겨지기를 바랄 것입니다. 그래야 자기 목적을 이루기 쉽기 때문이지요. 그러므로 마귀는 실재하는 존재가 아니라는 말이나 가볍게 무시하는 생각 등은 위험합니다. 그는 영적전쟁의 대상이며 하나님을 힘입지 않고는 이길 수 없는 강력한 세상의 주인이기 때문입니다.

언젠가 우리는 이 모든 싸움의 진실을 알게 될 것입니다. 그 전에 마귀에 관한 놀라운 비밀들을 알게 되시기 바랍니다.

사탄이 심은
세 가지 죄악

죄가 세상에 들어온 것은 마귀를 통해서입니다. 사도 요한은 죄를 이렇게 정의했습니다.

"세상에 있는 모든 것 즉 육신의 정욕과 안목의 정욕과 인생의 자랑은 아버지에게서 나지 아니하고 세상에서 나느니라"
(요한일서 2:16).

에덴의 동산에서 이브가 처음 선악과를 보고 마귀의 유혹을 받았을 때, 이미 이 세 가지의 죄악이 모두 등장합니다.

"여자가 보니 그 나무가 먹기에 좋고 눈으로 보기에 아름다우며 사람을 지혜롭게 할 만큼 탐스러운 나무이므로 그녀가 그 나무의 열매를 따서 먹고 자기와 함께한 자기 남편에게도 주매 그가 먹으니라"(창세기 3:6).

1. 먹기에 좋고… 육신의 정욕

쾌락 자체는 나쁜 것이 아니지만 사람은 끝없는 욕심에 필요 이상으로 먹고 누리려고 합니다. 이것이 가장 전통적이면서도 보편적인 욕심에 해당하는 '육신의 정욕'입니다. 이 욕망은 하나님에게서 멀어지게 합니다. 인간은 편안할 때 절대 하나님을 찾지 않습니다.

현대인들이 더 풍족한 삶을 위해 동분서주하는 것은 모두 육신의 정욕 때문입니다. 이것에 빠진 이들은 쾌락과 즐거움을 위해서는 무엇이든 합니다. 세상의 문화는 거짓된 가치로 사람들을 속이며 현혹합니다. 남도 가졌는데 당신은 왜 못 갖느냐며 이웃과 비교하게 만들어 욕심을 부추기기도 합니다. 그러나 몸을 위한 욕심과 욕망을 버리지 못한다면 하나님께로 가는 길은 멀기만 할 뿐입니다.

이렇게 인간의 욕망을 자극하는 구조의 자본주의는 사회주의에 비해 종교의 자유를 보장하고 상대적으로 낫다는 것이지 폐해가 없다는 뜻은 아닙니다. 사회의 규범은 오래전 구약의 율법에서 제시한 것이 가장 합리적입니다. 그대로 따르기만 하면 영원한 노예도 없고, 대물림되는 채무자도 없으며, 범죄를 반복할 악

인도 없고, 굶주리는 거지나 억울한 약자도 없어지므로 땅도 편안하고 인간도 살기 좋은 세상이 됩니다. 그러나 인간은 욕심으로 인해 하나님의 법에서 너무나 멀리 온 것 같습니다.

2. 눈으로 보기에 아름다우며… 안목의 정욕

'보는 것'이 세상 모든 죄를 논하는 세 가지 항목 중 하나로 분류될 만큼 큰 비중을 차지하는 것이 다소 의아할지도 모릅니다. 사람들은 보는 것이 죄라는 사실에 별로 주목하지 않기 때문입니다. 그러나 '보기에 아름다운(보암직한) 것'이 인간을 얼마나 유혹하는지 알 필요가 있습니다.

사람들은 이제 하나님이 만드신 자연을 보는 것만으로는 만족하지 않습니다. 이젠 손 안에 TV와 극장이 들어와 있고 스마트폰으로 영화까지 만들며 온 세계 사람들의 일상을 지켜보기도 합니다. 유튜브 채널로 혼자서 방송국을 만들 수도 있습니다.

현대인들은 이제 보는 재미 없이 살라고 하면 당장 죽기라도 할 것처럼 '보는 것'에 집착합니다.

갈수록 현란하게 만들지 않으면 사람들이 쳐다보지 않기 때문에 음식과 요리까지도 먹음직스럽고 화려하게 촬영하여 사람들의 욕구를 부추기고 있습니다. 이는 필연적으로 죄악과 연결됩니다. 팝아트, 전위예술 등으로 포장된 해괴한 볼거리들은 악한 일들을 예술로 승화시켜주고, 대중문화를 통해 스타들은 우상이 되었다가 인기를 잃으면 버려집니다. 또 보는 것에 대한 끝없는 욕구가 각종 치장과 성형, 겉모습 꾸미기로 산업화되고, 관음증을 이용한 선정적인 결과물로 표현되기도 합니다. 음란물은 더 말할 것도 없습니다. 정말 아이들의 눈을 가리고 싶을 때가 한두 번이 아닙니다.

마귀는 사람들이 하나님을 볼 수 없게 만들기 위해 혼을 빼놓을 만큼 사람들의 눈을 현혹시키고 있습니다. 죄 같지 않은 죄, '보는 것'은 곧바로 나머지 두 가지 죄악으로 연결되어 인간을 파멸하는 통로로 이용될 수 있음을 잊어서는 안 됩니다. 믿음은 하나님의 말씀을 '듣는 것'에서 오는 반면에 마귀는 '보는 것'으로 역사합니다.

"그런즉 이와 같이 믿음은 들음에 의해 오며 들음은 하나님의 말씀에 의해 오느니라"(로마서 10:17).

3. 지혜롭게 할 만큼 탐스러운… 인생의 자랑

육신의 정욕이 육체를 위한 욕망이라면 인생의 자랑은 '혼을 위한 욕망'이라 할 수 있습니다. 사람들이 명예에 대한 갈망과 지식에 대한 집착으로 저마다 인정받고 유명해지며 모두에게 박수를 받는 최고가 되고자 하는 것이 바로 인생의 자랑입니다.

사람들은 부자가 되기 위해 공부하며 유명한 사람이 되기 위해 인내하고 스스로를 채찍질합니다. 그런데도 그 올라가기 힘들었던 하늘같이 높은 자리에서 하루아침에 추락하는 모습을 자주 목격합니다. 인생의 자랑만을 바라보느라 더 소중한 것들을 돌아보지 않았기 때문입니다.

사람들은 자기를 높이는 것이 왜 잘못이냐고 합니다. 하나님과 이웃을 사랑하려면 자기부터 사랑하라고 합니다. 물론 하나님의 형상대로 창조된 인간의 존귀함을 평가절하 해서는 안 되지만 인간 스스로 자신을 높이는 행위는 마귀의 속삭임입니다.

"그때에 예수님께서 자기 제자들에게 이르시되, 어떤 사람이 나를 따라오려거든 자기를 부인하고 자기 십자가를 지고 나를 따를지니라"(마태복음 16:24).

자칫 역설적으로 들리기도 하는 이 말씀은 자기 자신보다 더 큰 분이 있음을 말하며, 자기 자신을 사랑하는 것도 우상숭배임을 알려주는 대목입니다. 성경은 또 나보다 남을 낫게 여기라고 말씀합니다. 하지만 세상 많은 사람이 자기를 높이려다 실패합니다. 그래서 준비가 되지 않은 사람의 명성은 때로 그것을 얻지 않은 것만 못한 인생의 실패를 가져다주기도 하는 것입니다.

 이와 같은 세 가지의 정욕은 서로 밀접한 연관성이 있어서 마귀가 심어 준 세상 모든 죄가 다 이 범주에 속합니다. 인간은 모두 죄악에 허물어질 수밖에 없는 존재입니다. 그래서 구원자가 필요합니다. 다시 태어나는 구원의 전제 조건은 자신이 죄인임을 깨닫는 것입니다. 그래야 하나님 앞에 나아갈 수 있고 중재자이신 예수님을 통해 그분을 만날 수 있습니다.

내가 왜
믿어야
하죠?

08

내가 왜
믿어야
하죠?

자유의지와 선악과, 병 주고 약 주고?

일반적으로 가장 논란이 되며
기독교의 모순으로 여겨지기도 하는
에덴동산에서의 타락,
전지전능과 자유의지의 문제를 살펴봅니다.

에덴동산 스토리와 자유의지는 모순?

기독교에 대한 상식을 지닌 어떤 친구가 제게 따졌습니다.

"왜 하나님은 자유의지를 줘 놓고 또 뱀을 만들어서 일을 복잡하게 만드냐? 선악과도 안 만들었으면 죄를 안 지었을 거 아냐."

물론 뱀, 즉 마귀는 사람보다 먼저 창조된 존재입니다. 아무튼 이 친구는 창세기의 이야기를 결과 위주로 보고, 그야말로 '옛날이야기'치고는 앞뒤가 안 맞고 구성이 어색하다고 생각한 것이었습니다. 인간을 창조하고 사랑하신다는 하나님이 왜 시험거리인 선악과를 두고 뱀까지 만들어 인간으로 하여금 동산에서 내쫓길 원인을 제공했느냐는 것입니다. 이처럼 불완전해 보이는 이야기,

즉 인간의 조상이 해피엔딩으로 끝나지 않은 찜찜한 이야기의 주인공인 것에 불만을 품고 볼멘소리를 했던 것입니다.

그렇다면 '자유의지'는 정말 아담과 이브의 범죄 동기로 편리하게 설정된 것일까요? 아니면 하나님이 괜히 이야기를 복잡하게 만든 걸까요?

물론 아닙니다. 자유의지는 하나님이 인간에게 준 존엄성이요, 진지한 사랑의 표시입니다. 하나님은 전능하시기 때문에 인간의 마음과 결정까지도 임의로 쉽게 바꾸실 거라고 생각할 수 있지만 그렇지 않습니다. 이것이 진정한 존엄성입니다. 그래서 모든 것을 할 수 있는 자유를 주신 것입니다. 그러나 누구든 멋대로 행동하는 사회는 진정으로 자유로운 사회가 아니며 지옥과 같은 곳이 될 뿐입니다. 법과 제약이 없는 자유는 참 자유가 아닙니다. 즉, 에덴동산에 선악과라는 금기사항이 없었다면 자유가 더는 자유가 아닌 것입니다.

가장 인격적이고 이상적인 조직 형태는 '구성원들이 모든 것을 할 수 있지만 해서는 안 되는 규율이 있는 상태'입니다. 심지어 그 금기를 저지르는 것까지도 허용되는 자유의지가 보장되지만 스스로 그것을 범하지 않는 성숙한 자제를 말하는 것이며, 금기를 침범한 경우 그것에 합당한 책임을 지는 시스템이어야 합니다. 이것이 바로 '자율'입니다. 선악과가 없었다면 창조물인 사람에게 주어진 자유는 완전한 것이 아닙니다.

에덴동산에는 선악을 알게 하는 나무와 함께 생명나무도 있었습니다. 아담이 생명나무 열매를 먹었더라면 영원히 살았을 것입니다.

"또 주 하나님께서 땅으로부터 보기에 아름답고 먹기에 좋은 모든 나무가 자라게 하시니 그 동산의 한가운데에는 생명나무와 선악을 알게 하는 나무도 있더라"(창세기 2:9).

그러나 그는 선악과를 선택함으로써 죽음을 맞는 존재가 되었습니다. 하나님은 형벌만이 아니라 몸이 죽어도 부활하여 영원히 살 수 있는 새 길도 마련해 주셨습니다. 바로 더 좋은 것을 주시는 은혜입니다. 우리도 자녀들이 큰 잘못을 했을 때 꾸짖고 난 뒤, 보통 때 안 주는 더 큰 선물이나 좋은 음식을 주거나 집 나간 불효자라도 돌아오면 전보다 더 잘 대해주는 것처럼 말입니다. 그것이 아버지의 마음입니다.

또한 에덴동산에서 인간을 내보내신 이유도 벌을 주시기 위해서만은 아니었습니다. 사람들은 장수와 죽지 않는 삶을 원하지만 우리가 지금의 몸으로 영원히 사는 것이 과연 축복이겠습니까? 죽음이 있기 때문에 삶이 귀하고 값진 것입니다. 하나님은 사람이 생명나무 열매를 먹고 죄의 몸으로 영원히 사는 것을 막기 위해 동산에서 내보내시고 생명나무에 아무도 다가가지 못하게 하셨습니다.

"주 하나님께서 이르시되, 보라, 남자가 우리 중의 하나같이 되어 선악을 알게 되었도다. 이제 그가 자기 손을 들어 생명나무에서 나는 것도 따서 먹고 영원히 살까 염려하노라, 하시고 그런 까닭에 주 하나님께서 에덴의 동산에서 그를 내보내사 그의 출처가 된 땅을 갈게 하시니라. 이같이 그분께서 그 남자를 쫓아내시고 에덴의 동산 동쪽에 그룹들과 사방으로 도는 불타는 칼을 두어 생명나무의 길을 지키게 하시니라"(창세기 3:22~24).

인간에게는 경고하신 대로 선악과를 먹은 결과인 죽음이 주어졌습니다. 그 죽음은 '즉사'가 아니었지만 모든 사람의 몸에 임하게 되었던 것입니다.

하나님은 인간을 살릴 수도 죽일 수도 있지만 인간의 의지까지 간섭하시지는 않습니다. 은혜의 빛을 모든 사람에게 비추시지만 받아들이는 것은 언제나 개개인의 자유입니다. 그처럼 완전하고 진정한 자유의 요건을 갖추기 위해서 존재했던 최소한의 장치가 선악과였습니다. 하나님은 인간에게 하나님의 주권에 순종하려는 의지가 있는지 보고자 하셨던 것입니다.

　인간을 만드실 때 하나님은 모든 것을 허락하고 주셨습니다. 그리고 우리가 주의할 것을 여기저기 지뢰밭처럼 만들어 놓으시지 않았습니다. 온 세상을 다 누리되 딱 한 가지, 동산 중앙의 선악을 알게 하는 나무의 열매만 먹지 말라고 하셨습니다. 그것은 인간의 존엄성이 진정한 존엄성이 되게 하는 요건이었습니다.

　하나님은 사탄(뱀)에게도, 인간에게도 자유의지를 주셨습니다. 그에 따른 어떤 결과가 오더라도 그것은 사랑이신 하나님의 창조에 필연적인 조건이 됩니다. 자식을 낳을 때도 그 자녀가 모든 규율을 지키고 실수하지 않으리라고 생각하는 부모는 없습니다. 하지만 위험 요소가 있다고 자유를 빼앗지는 않습니다. 제약 없이 모든 것을 막아놓고 자유를 준다는 것은 기만이며, 또 모든 것을 통제하는 것은 사육에 불과합니다.

사람은 예정된 길을 따라 걷는 로봇인가?

과학자와 심리학자들은 사람이 어떤 일을 결정할 때에는 여러 가지 요인의 영향을 받는다고 생각해 왔습니다. 자기가 생각하고 결정했다고 느끼지만 결국은 모두 외부 자극의 결과로 일어난 것이라는 이론입니다. 이런 심리학적 '행동주의' 원리는 사람의 행동이 자기가 주도할 수 없는 유전적, 환경적 외부 요인에서 비롯되므로 궁극적으로는 아무것도 책임질 필요가 없다는 것입니다.

테슬라(Nikola Tesla) 같은 과학자는 그런 이론을 받아들여 인간을 일종의 자동 기계로 보고, '살갗이 덮인 로봇'으로 이해했습니다. 그래서 그는 그런 원리를 이용해 앞으로 일어나는 모든 것에 대비하고 재난을 경고할 수 있으며 전쟁도 막을 수 있다고 했습니다.

그런 이론은 일리가 있는 관찰입니다. 그러나 동전의 다른 면을 인정하지 않았습니다. 이 숙제의 해답은 매우 과학적인 동시에 역설적입니다. 기독교 안에도 구원에 관하여 하나님의 예정이냐, 인간의 자유의지적 선택이냐를 따지는 양쪽 논리가 있지만 둘 다 부분적으로 맞기 때문에 한쪽만 선택하면 오류를 범하게 됩니다.

먼저 모든 것은 하나님의 예정이라는 결론에 이르게 하는 성경 구절들입니다.

"나를 보내신 아버지께서 이끌지 아니하시면 아무도 내게 올 수 없으며…"(요한복음 6:44).

"이방인들이 이 말을 듣고 즐거워하며 주의 말씀에 영광을 돌리고 영원한 생명에 이르도록 정해진 자들은 다 믿더라"
(사도행전 13:48).

"…세상의 창건 이전에 그분 안에서 우리를 택하셨으며"
(에베소서 1:4).

"너희가 나를 택하지 아니하고 내가 너희를 택하여 세웠나니…"(요한복음 15:16).

위와 같은 말씀은 하나님이 하시지 않으면 구원이 이루어지지 않는다는 내용입니다. 그러면 이제 다른 쪽 면을 보겠습니다.

"이것은 누구든지 그를 믿는 자는 멸망하지 않고 영원한 생명을 얻게 하려 함이니라"(요한복음 3:15).

"보라, 내가 문에 서서 두드리노니 누구든지 내 음성을 듣고 문을 열면 내가 그에게로 들어가 그와 함께 만찬을 먹고 그는 나와 함께 먹으리라"(요한계시록 3:20).

"그분을 받아들인 자들 곧 그분의 이름을 믿는 자들에게는 다 하나님의 아들이 되는 권능을 그분께서 주셨으니"(요한복음 1:12).

이런 구절에서는 '모든 사람'이, '누구든지' 능동적으로 믿고, 받아들이며, 문을 열면 된다고 분명히 말씀합니다. 정해진 것이 아니라는 말입니다.

때로는 정해진 하나님의 뜻이 바뀌기도 합니다. 구약성경에는 멸망이 예정되어 있던 니느웨 백성들이 대언자 요나의 경고와 선포를 듣고 회개하여 목숨을 건진 이야기가 나옵니다. 이것이 바로 하나님께서 작정하신 것을 바꾸시는 상황입니다.

"하나님께서 그들이 행한 일 곧 그들이 자기들의 악한 길에서 돌이킨 것을 보시고 재앙 즉 친히 그들에게 행하리라고 말씀하신 그 재앙에서 하나님께서 뜻을 돌이키사 그것을 행하지 아니하시니라"(요나 3:10).

그러므로 두 가지 면 중 한 가지에만 집중하면 '구원예정설'이나 '만민구원설'처럼 서로 다르게 보이는 것을 주장하게 됩니다. 그런데 하나님께서는 인간과 하나님 사이에 화평을 가져다 줄 예수님이 모든 사람(죄인)에게 필요하다고 하셨습니다. 그리고 그분을 받아들인 자들은 용서를 받는다고 말씀하시며 그 사랑을 '제시'하셨습니다.

"우리가 아직 죄인이었을 때에 그리스도께서 우리를 위해 죽으심으로 하나님께서 우리를 향한 자신의 사랑을 당당히 제시하시느니라"(로마서 5:8).

이것은 가만히 있어도 외부의 환경적 요인에 따라 믿을 사람은 믿고 안 믿을 사람은 안 믿도록 정해져 있다면 하실 수 없는 말씀입니다. 그런가 하면 우리가 구원의 문으로 들어가서 걸어온 여정을 되돌아보면 모든 길에 하나님이 함께하셨고 우리가 읽은 책, 받은 전도, 절묘하게 내게 주시는 듯한 설교, 멘토의 조언, 가족의 강력한 권유 등 많은 요인으로 인해 오늘의 자신이 있게 되었다는 것을 알 수 있습니다.

단면만 보고 이해하려 하면 모순으로 보입니다. 이것은 상보성, 즉 상호보완성의 원리로 이해해야 합니다. 우리가 자유의지를 가지면서도 하나님의 전지전능한 주권이 가능한 것은 이런 원리 때문입니다. 하나님은 예정하시고 선택하시지만 그것은 특정인만 구원하시는 차원의 예정이 아닙니다.

그러므로 인간은 살갗이 덮인 로봇이 아니라 존엄한 인격체이며 하나님의 형상을 닮은 존재가 됩니다. 그래서 어떤 과학자도 미래를 예측하지 못하고, 어떤 심리학자도 사람의 결정이 어디로 튈지 알 수 없는 것입니다. 아무리 많은 경우의 수를 계산하는 인공지능 AI도 사람의 생각을 계산해 낼 수 없습니다.

이는 단지 예측 구조가 복잡하기 때문에 모르는 것이 아니라 그들이 하나님의 원리를 모르기 때문에 그렇습니다. 성경의 원리를 잘 보면, 인간은 자유의지를 지닌 존엄한 존재가 되는 동시에 하나님은 전권을 지니신 전능자가 되실 수 있습니다. 단, 하나님이 인간의 의지를 움직일 수 없다는 것은 전지전능에 위배되므로 하나님이 우리의 자유를 보장해 주시며 그 약속을 반드시 지키시는 것으로 이해해야 합니다. 또한 각 사람의 결정을 미리 아신다고 하셨으므로 정해진 것과 다름없는 세상의 종말에 관한 성경의 예언도 유효하며 인간의 자유의지도 유효한 것입니다.

"곧 하나님 아버지의 미리 아심에 따라 성령의 거룩히 구별하심을 통해 순종함과 예수 그리스도의 피 뿌림에 이르도록 선택 받은 자들에게 편지하노니 은혜와 평강이 너희에게 더욱 많이 있기를 원하노라"(베드로전서 1:2).

말하자면 하나님 입장에서는 모든 것이 정해져 있지만 인간은 스스로 결정할 수 있으며, 하나님은 뜻을 돌이키기도 하신다는 것입니다. 하나님이 미리 아신다는 것도 꼭두각시처럼 사람을 어떤 길로만 가게 하신다는 의미가 아닙니다.

여러분은 소설을 써 보셨습니까? 어떤 유명 드라마 작가에게 기자가 질문을 했습니다.

"그 많은 인물의 행동을 어떻게 다 상상해서 묘사하십니까?"

그러자 작가가 대답했습니다.

"어려울 것 없어요. 저는 그냥 인물들을 지켜볼 뿐입니다. 그들이 어디로 가는지 무엇을 하는지 관찰하고 그걸 적으면 돼요."

이것은 자기가 창조하고 자기가 계획한 상황이라도 무작정 끌어가지 않음을 뜻하는 말입니다. 물론 그 이야기는 모두 그 작가의 전권 안에 있지만 말입니다. 작가는 자신이 창조한 모든 인물에게 자유를 주고 있으며 애정을 지니고 있음도 알 수 있습니다. 그 등장인물들은 배우의 재능이나 연기 스타일과 만나 작가가 만든 것 이상의 독특한 캐릭터가 되고, 작가는 자기가 스토리를 전개하면서도 그 배우들의 해석을 감안해 관찰한다는 의미가 됩니다.

소설을 써 보면 그 말을 이해할 수 있습니다. 소설 속에 저마다 독특한 캐릭터를 설정해 놓고 관찰하면 자기가 생각하지 못했던 의외의 스토리가 나옵니다. 아무리 작가에게 전권이 있다 해도 작가가 황당한 전개와 비상식적 행동을 주문하면 막장 드라마가 되고 마는 것입니다.

그러므로 그 드라마의 내용은 작가와 등장인물들이 함께 만든 것이면서, 결국은 작가가 만든 작품입니다. 드라마와 소설의 완성은 버튼 하나로 되는 것이 아니라 시간이 필요합니다. 시간이 지나는 동안 많은 상황이 바뀌고 첨가되며 빠집니다. 그러나 끝내는 구상했던 결론에 도달합니다. 전지전능하신 하나님이 우리를 만드시고 우리가 그 안에서 자유를 누리는 것도 이와 비슷한 원리라고 할 수 있습니다.

가장 중요한 선택, 구원에 이르는 결정

모든 결정 중 가장 중요한 것은 그분의 은혜로 영접 하는 것입니다. 다른 모든 결정과 행동은 그 결정에 기여하든지 그 결정으로부터 유래합니다. 확실한 것은 공의의 하나님께서 우리에게 공평한 선택의 기회를 주신다는 사실입니다.

"그러나 이제는 율법 밖에 있는 하나님의 의 곧 율법과 대언자들이 증언한 의가 드러났느니라. 그것은 곧 예수 그리스도의 믿음으로 말미암아 모든 자에게 미치고 믿는 모든 자 위에 임하는 하나님의 의니 거기에는 차별이 없느니라. 모든 사람이 죄를 지어 하나님의 영광에 이르지 못하더니 그리스도 예수님 안에 있는 구속(救贖)을 통해 하나님의 은혜로 값없이 의롭게 되었느니라"(로마서 3:21~24).

전능자의 계획과 자유의지의 양면을 보시기 바랍니다. 하나님의 의에는 차별이 없습니다. 우리의 마음을 하나님 앞에서 부드럽게 하고 그분의 계획이 내 선한 의지로 완성되기를 바라면서 순종한다면 그 비밀을 깨닫는 날, 참 좋은 선택을 했음을 깨닫게 될 것입니다. 우리의 인생길은 그것을 선택할 유일한 기회입니다. 하나님의 이끄심을 따라 여러분의 의지로 할 수 있습니다.

내가 왜
믿어야
하죠?

09

**내가 왜
믿어야
하죠?**

구원을 받으려면 어떻게 해야 하나?

**구원받고 싶다면 어떤 절차가 필요할까요?
구원의 작동 원리에 대해 살펴보고
이 길에 동참하는 방법을 알려 드립니다.**

스프링 돼지
윌버의 구원

소설 원작이 있는 〈샬롯의 거미줄〉이라는 영화가 있습니다. 봄에 태어난 스프링 돼지 월버는 너무 약하고 먹을 젖이 없어 태어나자마자 죽을 뻔했지만 주인의 딸인 펀의 보호로 목숨을 건지고 다른 동물과 함께 펀의 삼촌네 농장 헛간에서 살게 됩니다. 그러나 스프링 돼지는 겨울을 나지 못하고 훈제실로 끌려가 햄이나 베이컨이 될 운명입니다.

그는 내세울 것 없는 돼지였지만, 헛간의 동물 중 볼품없고 다들 징그러워하는 거미 샬롯 아줌마만은 그를 아꼈습니다. 샬롯은 겨울이 와도 월버가 죽지 않게 해 줄 묘책을 생각합니다.

어느 날 샬롯은 밤새 헛간 입구 문에 거미줄로 '멋진 돼지(Some pig)'라는 글자 모양을 짜 넣었습니다. 그러자 이것이 온 동네에 소문이 나고 돼지는 유명해져서 농장은 구경꾼으로 북적거리게 되었습니다. 사람들은 신기해했지만 거미는 숨어서 모습을 드러내지 않았습니다. 그 후에도 샬롯은 '굉장한(Terrific)', '광채 나는(Radiant)' 등의 단어를 새겨 넣어 몇 번 더 주목을 끌었지만 돼지의 운명은 크게 바뀌지 않았습니다. 농장 주인에게는 윌버가 손님을 조금 늘려주었을 뿐 그 이상의 큰 의미는 없었던 것입니다.

그러던 어느 날 윌버는 유명해진 덕분에 돼지 품평회에 나가게 되었습니다. 1등을 하면 주인이 그를 살려 둘 것이 분명하기 때문에 그에게는 마지막 기회였습니다. 거미 샬롯은 만삭의 몸에 기력이 다하여 수명이 얼마 남지 않았음을 직감했지만 자기의 도움 없이는 윌버가 1등을 하기 어렵다는 것을 알고 따라 나섭니다. 품평회 장소에서 샬롯은 어떤 단어를 새길까 고민하다가 '겸손합니다(Humble)'라는 단어를 골랐습니다. 그 덕분에 윌버는 사람들의 주목을 받긴 했지만 역부족이었습니다. 결국 다른 대회에서 우승을 한 적이 있는 크고 튼튼한 다른 돼지가 1등으로 결정되고, 윌버는 탈락의 위기를 맞았습니다. 하지만 윌버는 극적으로 주지사의 눈에 띄어 특별상을 받게 되었습니다. 그제야 주인은 그가 축복의 돼지임을 인정합니다.

샬롯은 예상한 대로 그곳에서 알을 낳고 기력이 다해 죽게 되어 윌버와 작별합니다. 그리고 동행했던 욕심 많은 쥐 템플턴은 윌버가 샬롯의 알을 헛간으로 옮기는 일을 도와 난생 처음 착한 일을 하게 됩니다. 얼마 후 알들은 헛간에서 샬롯의 분신으로 깨어납니다. 윌버는 겨울이 왔지만 훈제소로 가지 않고 흰 눈을 구경하게 됐습니다. 그 이듬해, 다시 그 이듬해에도….

이 작품은 구원의 섭리를 잘 보여주고 있습니다. 인간은 윌버처럼 날 때부터 언젠가 죽을 운명입니다. 그러나 아이를 통해 헛간으로 옮겨지듯 성령의 인도하심에 따라 이웃의 전도나 혹은 다른 방법에 의해 생명의 입구로 인도됩니다.

자신을 희생해서 윌버를 높여준 샬롯처럼 세상이 인정하지 않는 예수님은 자신을 드러내지 않고 혼신의 힘을 다해 죄인인 우리를 아버지 하나님 앞에서 변호해 주십니다. 샬롯은 예수님처럼 자신이 죽을 것을 알면서도 윌버를 따라가 도와줍니다. 예수님도 하나님의 뜻에 따라 죽음으로써 우리에게 구원의 길을 열어 주셨습니다. 징그러운 다리와 혐오스러운 모습 때문에 모두가 샬롯을 피하고 샬롯의 진가를 알아주지 않았지만 그녀는 자신이 할 일을 했습니다. 죄악 된 인간도 예수님을 목수의 아들로만 보고 그분의 신성에 주목하지 않았으며 그분의 말도 듣지 않았습니다.

원래 상은 그 수가 정해져 있어서 그 이상의 인원은 받을 수가 없습니다. 이것은 상대평가입니다. 아무리 잘해도 더 잘한 사람이 있으면 떨어집니다. 바로 세상의 진화론적 약육강식 원리입니다. 그러나 하나님은 사람을 상대적으로 평가하지 않으십니다. 천국도 정해진 수만 들어갈 수 있다면 몇 명이나 도전할 수 있겠습니까.

그러나 하나님은 모든 믿는 자에게 선물을 주시는 분입니다. 돼지 윌버는 1등을 할 수준이 못 되었지만 또 다른 상, 주지사의 특별상을 받고 목숨을 구합니다. 이것이 바로 하나님의 은혜이며 평가 원리인 것입니다.

멋진 모습, 광채 나는 모습 덕에 구원에 이르는 것이 아닙니다. 윌버는 샬롯으로부터 '겸손한'이라는 단어를 선물 받았고, 이것이 주지사와 주인의 마음을 돌립니다. 교만은 마귀가 가르친 가장 큰 죄악이자 마귀의 속성이기 때문에 이것을 버리고 겸손해지기 전에는 진정한 구원에 이를 수 없음을 알려주는 대목입니다. 이것은 값없이 구원받은 사람은 반드시 겸손할 수밖에 없다는 뜻도 됩니다. 예수님은 마태복음 11장 29~30절에서 "나는 마음이 온유하고 겸손하니 너희 위에 내 멍에를 메고 내게 배우라. 그리하면 너희가 너희 혼을 위한 안식을 찾으리니 내 멍에는 쉽고 내 짐은 가벼우니라"고 말씀하셨습니다.

훈제소는 불타는 지옥입니다. 윌버는 착한 마음씨를 가졌으나 그 착한 마음도 훈제소에서 베이컨이 될 운명을 피하는 데는 아무 도움을 주지 못합니다. 그의 정체성은 식용이지 애완용이 아니기 때문입니다. 이는 인간이 죄인으로 태어났기 때문에 선행으로 구원받을 수 없고, 스스로의 힘으로는 불타는 지옥을 피해갈 수 없음을 뜻합니다.

윌버는 아무것도 한 게 없습니다. 그에게는 아름다움도, 지혜도 없습니다. 이것이 중요한 대목입니다. 구원은 인간의 행위로 받는 것이 아닙니다. 인간은 아무 자격도 공로도 없습니다. 구원은 하나님이 우리에게 값없이 주시는 감격적인 선물입니다.

구원받기는 어렵지 않다

구원을 받으려면 예수님을 믿고, 침례(세례)받으며, 교회에 등록해서 헌금도 많이 내고, 평생 남을 도우며 사랑하고, 하나님 앞에 죽도록 충성해야 한다고 생각하는 사람들이 있습니다. 하지만 이것은 잘못된 생각입니다. 구원은 그렇게 어려운 것이 아닙니다. 그래서 아이들도, 가난한 자도, 악한 자도, 힘없는 자도 구원받을 수 있습니다. 그리고 구원은 딱 한 번, 영원히 받는 것입니다. 어린아이처럼 그저 의심 없이 믿으면 됩니다.

하나님은 일단 줘놓고 "너 하는 거 봐서"라고 말씀하시는 분이 아닙니다. 즉, 언제든 빼앗을 준비를 해놨거나 칼자루를 잡고 사람을 평생 불안에 떨게 하는 분이 아니라는 것입니다. 사람은 구원받은 이후에도 죄를 지을 수밖에 없는 존재인데 믿은 후에 죄를 짓고 다시 넘어졌다고 구원을 빼앗는다는 것은 있을 수 없습니다. 다시 말하지만 하나님께서 사람을 지옥에 보내시는 경우는 오직 하나님의 은혜요 공짜로 주어지는 선물을 거부할 때뿐입니다. 아무리 좋은 것이라도 당사자가 거부하면 효력이 없기 때문입니다.

로마서는 우리가 거듭날 때 옛 사람이 죽게 되므로 율법과 결혼 관계가 끝나서 더는 율법이 효력을 행사할 수 없다고 했습니다. 그러므로 새로 거듭난 사람은 예수님과 정혼한 것이며 새로운 계약관계가 시작되는 것이지요. 그 후에도 죄를 짓는 이유는 우리가 육체를 입고 있기 때문이며 옛 몸이 아직도 죄의 법의 지배를 받기 때문입니다. 그러나 그것이 새로운 계약관계에 영향을 미치지는 못합니다. 다만 우리는 육체를 다스려 성품을 변화시키는 성령의 열매를 맺을 의무가 있습니다. 그럴 의지나 양심의 울림조차 오랫동안 없는 사람은 진정으로 거듭난 것이 아닙니다.

구원의 확신을 가지고 믿으면 그것이 우리의 '의'가 됩니다. 구원의 확신은 내 안에서 나오는 것이 아니라 하나님에게서 오는 것이기 때문에 내 결심이 아니라 그분의 말씀, 곧 믿으면 의롭다 여겨주신다는 말씀을 신뢰하는 것이 가장 굳건한 보장이 됩니다. 사람이 아무리 굳세게 믿어도 그런 믿음의 '강도'보다 중요한 것이 바로 '대상'입니다. 눈 덮인 살얼음을 두툼한 얼음으로 철석

같이 믿는 사람과 두툼한 얼음이 살얼음이 아닐까 하고 걱정하는 사람 중 누가 더 안전하겠습니까. 내가 원하는 것이나 희망사항은 중요하지 않고 정답이 필요합니다. 오늘날 많은 크리스천이 강한 믿음을 얻기 위해 노력합니다. 물론 시간이 갈수록 점점 자라고 강해지는 믿음도 중요하지만 그보다 앞서 정확한 믿음의 대상인 하나님을 아는 것이 순서입니다.

회심하고 구원받은 날짜와 시간까지 기억해야 한다고 주장하는 이들이 있지만 꼭 그럴 필요는 없습니다. 기억하면 좋겠지만 여건에 따라 기억하지 못할 수도 있기 때문입니다. 하나님의 선물을 자신의 행위나 선과 의를 보태지 않고 감사히 받는 사람은 구원받는 것입니다. 그것은 순간적이고 일회적이며 영원합니다.

저의 직장 선배였던 한 분은 부서원들에게 밥을 사주고 음식 값을 계산할 때 자기만의 철칙이 있었습니다. 예를 들어 지갑에 만 원짜리밖에 없는데 4만 500원같이 애매한 액수가 나오면 옆 사람들이 500원짜리 동전을 보태주려고 하기 마련인데, 그것을 절대 받지 않고 굳이 5만 원을 내고 9,500원을 거슬러 받습니다. 그러면서 이렇게 말합니다.

"내가 왜 500원 받고 같이 냈단 소리를 들어? 난 아예 얻어먹으면 몰라도 살 때는 확실히 사."

500원이 보태지면 선배가 혼자 사는 게 아니라는 것입니다. 이처럼 온전히 주시는 것이 하나님의 은혜입니다. 더구나 하나님의 은혜에는 500원을 보탤 수도 없습니다. 사람 사이에도 마찬가지입니다. 생명의 은인에게 얼마를 준들 적당하다고 하겠습니까. 공기를 마신 값을 내는 사람이 있나요? 부모님이 길러주신 것에 값을 매길 수 있는 사람이 있습니까? 이처럼 하나님의 구원의 은혜는 너무 커서 값을 매기거나 지불할 수도 없기 때문에 요구하시지도 않습니다.

세상에서도 용서할 수 없는 죄가 많이 있습니다. 어떤 사람이 다른 사람의 자식을 죽여 놓고 아무리 많은 황금을 준다 한들 생명의 값이 되겠습니까? 살인, 강도, 성폭행, 외도, 인신매매, 장애를 입히는 것 등등…. 용서하는 쪽에서 공짜로 주지 않으면 결코 값을 치를 수 없는 일들이 있습니다. 이런 일에 "얼마면 돼?"라고 묻는 것처럼 뻔뻔한 일이 어디 있겠습니까. 먼저 진심으로 용서를 구하고 나서, 상대방이 용서해 주면 그 뒤에 돈이든 봉사든 감사의 선물을 내놓는 것입니다. 이것이 사람 간에도 올바른 순서입니다.

마찬가지로 구원도 조건 없이 감사히 받고, 선행과 같은 '행위'는 구원 후에 마땅히 실천하는 것입니다. 내가 뭐라도 해야 덜 찜찜하고 그나마 양심이 있는 것처럼 느껴져서 교회에 열심히 다니고 헌금을 내며 이웃을 돕는 등 구원에 자기 행위를 보태려고 하는 것은 갚을 수 없는 은혜를 주신 하나님을 모욕하는 것입니다. 하나님은 어린아이와 같은 자를 사랑하십니다. 순전한 마음으로 믿고 계산하지 말며 기쁘게 선물을 받으라고 하십니다.

인간의 행위와 선행과 재물로 천국을 살 수 있을까요? 하나님은 그런 것쯤 없어도 되는 분입니다. 인간의 의는 더러운 누더기와 같다고 성경은 말씀합니다. 그러므로 죽을 때까지 행위와 사람의 의로 얽어매는 것은 참 기독교가 아닙니다. 갖은 고행과 헌금으로 천국을 사는 종교도 올바른 기독교가 아닌 것입니다.

회개 없이
구원 없다!

 그렇다고 구원이 그리 간단한 것만은 아닙니다. 어렵지 않다더니, 또 무슨 의미일까요? 이것은 가던 길을 멈추고 전도자로부터 5분, 10분 교리 설명을 들은 후 영접기도를 따라 하거나 총동원주일 같은 전도축제 때 지인에게 이끌려 어느 교회 교인으로 등록한다고 해서 구원이 이루어지는 것은 아니라는 뜻입니다. 그러면 무엇을 해야 할까요?

 구원받으려면 먼저 '회개'가 필요합니다. 자신이 죄인임을 깨달아 인정하고 죄악된 모습을 버리기로 작정해야 합니다. 성경에는 회개에 관한 무척 많은 이야기와 경고가 있습니다.

 하나님께서는 아무리 사악한 자라도 죽기를 바라지 않으시고, 돌이키기를 원하십니다. 에스겔서 33장 11절에서 하나님은 백성들을 향해 "어찌 죽고자 하느냐?"라고 물으십니다.

 흔히 회개라고 하면 매일 짓는 죄들을 일요일에 교회에 가서 고

해성사하듯 털어버리고, 또 일주일을 사는 것으로 이해하곤 합니다. 하지만 회개는 그런 것이 아닙니다. 자주 범하는 죄를 하나님 앞에 고백하는 것도 필요하지만 구원에 필요한 회개는 그 순간 선을 긋고 이전의 삶으로부터 '뒤돌아서서' 걷는 것입니다. 육신을 지닌 이상 잘못이나 실수를 하지 않는 완벽한 인간이 될 수는 없습니다. 그러나 끌어안고 있던 죄악을 버리고 등져야 합니다. 그리고 반대 방향으로 도망쳐야 합니다.

흔히 회개라고 하면, 내란 음모자가 거적 위에서 머리를 풀어 헤치고 울부짖으며 석고대죄 하는 모습을 연상하는 사람이 많습니다. 하지만 통곡하며 울지 않아도 됩니다. 눈물이 필요 없다는 것이 아니라 회개의 본질이 눈물은 아니라는 것입니다.

회개(repentance)는 '돌아섬'을 뜻합니다. 돌아서서 거룩한 삶을 사는 것입니다. 때로 다시 실패할지라도 하나님은 그 사람을 거룩하다고 인정해 주십니다. 거룩하다는 것은 성경책을 옆에 끼고 근엄한 표정으로 살살 걸어 다니는 것이 아니라 '구별'된다는 뜻입니다. '하나님은 거룩하시다'라고 고백하는 것은 그분이 우리와는 차원이 다른 존재임을 인정하는 것입니다. 그래서 우리가 죄에서 구별되고 세속에서 구별되면 그것이 거룩한 삶이 됩니다. 그럼에도 불구하고 과거 자신의 죄악된 모습과 무지와 신성모독과 고집을 생각한다면 누구나 가슴을 치며 눈물로 용서를 구하지 않을 수 없을 것입니다.

하나님께 가장 큰 죄악은 사람들이 생각하는 것과 조금 다릅니다. 여러 가지 흉악한 죄보다 더 큰 죄는 하나님 앞에서 교만한 것입니다. 사람은 누구나 걸려 넘어질 수 있고, 죄의 유혹 앞에서 무너질 수 있습니다. 그러나 하나님의 경고 그리고 양심의 경고가 있을 때 돌이키면 아무리 큰 죄라도 용서해 주시고 그를 받아 주십니다. 하지만 목이 뻣뻣하여 자기 힘으로 무엇이든 할 수 있다고 믿는 사람은 하나님께서 기뻐하지 않으십니다. 그래서 실수가 적은 사람이 오히려 구원받기 더욱 어려운 것을 많이 보게 됩니다.

회개한 사람은 회개에 맞는 행위의 열매를 맺어야 합니다. 변화된 모습 또 주님을 닮아가려는 노력으로 점점 더 거룩한 삶으로 나아가야 합니다. 자신이 돌이키고 회개했다는 증거를 무엇으로 보이겠습니까. 삶으로, 행위로 드러나지 않는다면 그것은 말뿐인 회개에 지나지 않을 것입니다.

구원은
쉽고도 어렵다

　　　　구원은 죽어봐야 아는 것이 아닙니다. 나의 행위로 '진인사대천명(盡人事待天命)' 하는 것이 아니라 하나님의 약속을 바라보는 것, 그것이 '믿음'입니다. 예수 그리스도를 구원자와 주님으로 영접한 사람은 믿음으로 걷습니다.

　그래서 자기가 구원받은 것을 알려면 성경말씀을 믿어야 합니다. 구원의 확신은 내 안에 생기는 어떤 '느낌'이 아니라 하나님의 말씀에서 오는 깨달음이며 그 말씀은 영원히 하늘에 정착된 거짓이 없는 약속입니다. 그것은 두 눈으로 본 것보다 정확하고 어떤 서약보다도 굳건한 것입니다.

　구원은 삶의 모든 과정을 거친 다음에 판단받는 것이 아니라 회개와 믿음을 통해 단번에 얻는 것입니다. 올바른 행위는 믿는 자에게 나타날 수밖에 없는 것입니다. 그러나 그 행위로 구원을 얻는 것이 아닙니다.

구원은 영원한 선물이기 때문에 주시는 즉시 번복되지 않으며 취소되지 않습니다. 구원받은 성도가 다시금 죄를 지으면 몸에 징계를 주시거나 심지어 육체의 숨을 거두어 가실지언정 한번 주신 영혼의 약속은 유효합니다. 구원은 받는 즉시 그 사람 안에 하나님의 영이 거하시게 됩니다. 그리고 하나님께서는 그 구원을 평생 지켜 주십니다. 그럴 일은 없겠지만 사람이 구원을 물러달라고 해도 안 됩니다. 그것이 구원의 속성이기 때문입니다.

"하나님의 뜻대로 하는 근심은 회개를 이루어 다시 돌이킬 수 없는 구원에 이르게 하거니와 세상의 근심은 사망을 이루느니라"(고린도후서 7:10).

전적인 은혜로 구원받은 사람은 스스로 성령님의 열매를 거두며 살게 됩니다. 그것은 방언이나 병을 고치는 능력, 앞일을 내다보는 신통함 등 눈에 띄는 신비한 능력이 아닙니다. 모두 성품의 변화입니다. 갈라디아서 5장 22절에서는 이것을 사랑과 기쁨과 화평과 오래 참음과 부드러움과 선함과 믿음과 온유와 절제라고 했습니다.

'구원받기는 쉬우면서도 어렵다'는 것은 모순되는 말이 아니라 둘 다 필요한 논리입니다. 쉽다는 것만 알면 구원받은 이후에 죄에 무감각해지고 나태해집니다. 반대로 어렵다는 것만 생각하면 하나님의 공짜 선물이 너무 커서 감당을 못하고 평생 누더기와 같은 자기 의를 의지하며 자유함 없이 두려움으로 살아갈 수 있습니다.

구원 이후의 행위들은 천국에서 받게 될 상을 다르게 할 뿐입니다. 그러므로 참된 크리스천들은 그 상을 받기 위해 죄를 등지고 계속 달려갑니다. 구원이 쉽다고 해서 자기 마음대로 사는 사람들은 자신이 구원받은 것으로 착각하고 있는지도 모릅니다. 정말 용서받고 사랑의 빚을 진 사람은 용서한 은인의 발등을 찍지 않기 때문입니다. 이 두 가지 개념은 상반돼 보이면서도 서로 보완하고 조화를 이룹니다. 이 둘을 모두 인지할 때 구원의 개념이 완성됩니다.

그리스도를 '아는 것'이 영생이다!

예수님을 만나면 죄와 인생의 모든 문제가 해결됩니다. 여전히 이겨나가야 할 삶의 문제가 남는다 해도 그것은 곧 지나가는 것들입니다. 영존하는 삶, 영생의 방법은 무엇일까요? 성경은 하나님과 예수 그리스도를 '아는 것'이 곧 영생이라고 말씀합니다.

"영생은 이것이니 곧 그들이 유일하신 참 하나님인 아버지와 아버지께서 보내신 자 예수 그리스도를 아는 것이니이다"

(요한복음 17:3).

주님은 직접 체험하기 전에는 결코 알 수 없습니다. 크리스천들은 이것을 '인격적인 만남'이라고 표현합니다. 그 만남이란 무엇일까요?

성경에는 예수님을 '안다'는 표현이 나옵니다. 그리고 '아는 것'에는 두 가지 의미가 있습니다. 첫째는 일방적으로 아는 개념입니다. 내가 대통령이 누군지 알지만 그는 나를 모르듯이 말이지요. 예수님을 이렇게 알면 내가 예수님에 대한 지식을 갖게 되고, 복음을 이해하며, 하나님의 아들임을 인정하는 것, 그뿐입니다.

성경에는 하나님을 대적하는 영들도 하나님을 알고 무서워 떤다고 했습니다. 그러나 그분을 인정하고 굴복하지 않습니다. 그것이 죄의 이유입니다.

그러나 둘째는 진정한 '앎'으로 관계를 통해 서로가 아는 것입니다. 부부가 배우자를 알듯이, 친구가 오랜 관계를 통해 알듯이, 서로 이해하는 관계를 맺는 것입니다. 그래서 성경에서는 부부가 함께 눕는 것도 '안다'고 표현합니다. 일반적인 정보를 아는 것으로는 충분치 않습니다. 예수님을 믿고 다시 태어나 그분의 신부이며 지체인 동시에 하나님의 맏아들인 그분의 형제가 되어 하나님의 양자가 되는 것이 바로 하나님과 맺는 새로운 계약관계의 완성입니다.

진정한 지혜는
미련한 것

지식이나 현상만을 믿는 사람들은 "예수가 정말 하나님이라면 과학적, 지식적으로 증명해 보라"고 말합니다. 그러나 학문과 지식으로는 결단코 하나님을 아는 데까지 미치지 못합니다.

사실 사람이 사람의 생각을 알기도 어렵습니다. 그러니 학문과 지식을 통해 신을 알겠다는 것은 모순이 아닐까요. 말로든 글로든 완벽하게 설명할 수 있다면 그건 이미 신이 아닐 테니까요. 세상에는 똑똑한 사람이 참 많습니다. 그런데 이렇게 비상한 두뇌를 가진 사람들도 만나면 서로 이해하지 못하고 이해시키지 못해서 안달입니다.

분명한 사실은 인간의 지식과 상식으로는 하나님을 온전히 이해하거나 검증할 수 없다는 것입니다. 성경은 이런 원리를 말씀하고 있습니다.

"십자가를 선포함이 멸망하는 자들에게는 어리석은 것이로되 구원받은 우리에게는 하나님의 권능이니라"(고린도전서 1:18).

"하나님의 지혜에 있어서는 세상이 지혜로 하나님을 알지 못하였으므로 하나님께서 복음 선포의 어리석은 것으로 믿는 자들 구원하시는 것을 기뻐하셨도다"(고린도전서 1:21).

과학과 학문은 현대의 우상입니다. 세상 지식은 하나님을 대적하는 도구이며 하나님을 볼 수 있는 눈을 가릴 뿐입니다. 학문적 사고로만 하나님을 탐구하지 마십시오. 그것은 헛된 수고가 될 것이며, 애써 먼 길로 돌아가는 결과를 낳을 것입니다.

성경은 늘 역설적 진리를 말합니다. 예수님은 똑똑하거나 사회적 지위가 있는 사람을 제자로 삼지 않으셨습니다. 무식하고 혈기 많은 어부나, 당시로서는 죄인이요 왕따였던 세관원 등 전혀 지식인도 아니고 세상을 구원하러 온 구세주의 제자가 될 만한 사람들이 아니었습니다. 그러나 예수님은 그들을 제자로 삼고 세상으로 보내셨습니다. 그들 중 가장 지식인이었던 가룟 유다가 예수님을 팔았다는 것은 의미하는 바가 큽니다.

예수님은 죄인들과 가까이하셨습니다. 세상 사람은 늘 권력자나 부자와 가까이하려고 갖은 애를 쓰지만 예수님은 낮고 천한 사람들을 사랑하시고 친구가 되셨습니다. 그 때문에 더욱 배척을 받았지만 예수님은 그런 자들에게 사랑을 베푸는 것이 곧 예수님 자신에게 하는 것이라고 하셨을 만큼 세상에서 우리가 소외된 자들을 어떻게 대해야 하는지 모범을 보여 주셨습니다.

예수님은 유명한 산상수훈에서 마음이 가난한 자가 복이 있다고 하셨습니다. 마음이 가난한 사람은 늘 자기 힘으로 설 수 없기 때문에 하나님을 찾게 됩니다. 그러나 마음이 너무 강해서 스스로 서려는 사람은 자기 힘으로 모든 것을 헤쳐 나가려 하기 때문에 하나님을 가까이하기가 상대적으로 어렵습니다. 모든 것을 다 가진 자는 마음이 가난하기 어렵습니다. 그러므로 하나님의 복을 받는 첫째 조건은 '가난한 마음'이요 상한 심령입니다.

여러분은 부디 마음이 가난한 자가 되시기를 당부하고 싶습니다. 어떤 이들은 당장 죽게 되어도 자기 자신만 믿고 의지하다가 그것이 안 되면 자포자기하거나 세상을 저주하고 죽어버리면 그뿐이라고 말합니다. 하지만 그것이 끝이 아닙니다. 그러므로 하나님을 찾고 의지하시기 바랍니다.

세상살이가 힘드십니까?
정말 도움 받을 곳이 없으신가요?
남들 앞에서는 웃고 있지만 속으로 울고 계십니까?

그때가 바로 자기를 내려놓고 은혜받을 때입니다. 하나님께 돌아오십시오. 아들을 내어주신 분께 나아와 자신이 죄인임을 인정하면 진정한 쉼을 얻게 될 것입니다.

10

**내가 왜
믿어야
하죠?**

기독교,
잘 모르고
괜히 오해했어!

기독교를 욕하는 많은 분이
정말 하나님을 제대로 알고 있을까요?
기독교에 대한 전반적인 이야기들,
크리스천에 대한 오해를 풀어봅니다.

기독교(개신교)의 뿌리는 가톨릭이 아니다

기독교는 누군가 교리를 만들고 경전과 의식을 제정한 종교가 아닙니다. 원래 그렇게 지어진 기본을 떠났던 사람들이 돌아가는 곳입니다. 우리의 원래 의무요, 뿌리라는 뜻입니다. 물론 기독교에는 많은 형식이 있고, 사람이 만든 복잡한 절차도 있습니다. 그러나 언제부터 특정한 존재를 신으로 제정해 믿기로 한 사람도, 그 시작점도 없습니다.

대개 기독교 하면 개신교를 떠올리고, 개신교가 천주교에 항거하여 나온 것 때문에 기독교의 뿌리를 로마 가톨릭으로 오해하는 경우가 있습니다. 개신교가 천주교의 폐단을 개혁하면서 생겨난 것은 사실이지만 기독교 자체는 원래 유대교에서 나온 것입니다. 유대인 중 메시아를 받아들인 사람들이 시작한 것이지요. 그렇게 예수 그리스도의 재림을 믿으며 핍박을 받던 기독교인 중 많은 사람이 순교를 당했습니다.

그러다가 AD 313년에 로마의 콘스탄티누스대제(Constantinus 1세)가 이교도들을 흡수하여 원활하게 통치하기 위해 박해하던 기독교를 공인하는 놀라운 조치를 취했습니다. 이로써 기독교도들은 신앙의 자유를 얻지만 교회와 기독교의 순수성은 변질되었고, 정교회가 분리된 이후로는 가톨릭이 종교개혁 때까지 교회의 계승자로 행세합니다.

국가와 결탁한 가톨릭은 백성이 성경을 번역하거나 읽지 못하게 하고, 그들이 잘 모르는 언어인 라틴어로 미사를 드렸습니다. 사제들이 모든 것을 독점하고 마리아를 숭배했습니다. 사제들도 같은 인간이면서 죄를 사해 준다며 면죄부를 팔아 대성당을 짓는 등 그야말로 암흑시대를 불러온 것입니다. 그러나 예수 그리스도가 세우겠다고 하신 교회는 소수지만 모든 시대에 존재하며 탄압 속에서 명맥을 유지했습니다.

가톨릭의 사제들은 성경을 민초들의 언어로 번역하는 이들을 사형시키고 탄압했습니다. 결국 하나님은 모든 사람에게 말씀이 읽혀지도록 1611년에 영국 제임스 왕의 주도로 최고의 번역자들을 통한 완전한 신구약 완역본 영어성경을 주셨습니다. 왕이 아니고서는 가톨릭의 방해를 견딜 수 없었기 때문입니다. 이로 인해 전 세계의 많은 사람이 성경을 접하게 되었습니다.

16세기에는 마르틴 루터(Martin Luther)를 시작으로 종교개혁이 이루어져 개신교가 등장했습니다. 로마 가톨릭은 많은 개신교인을 죽이고 탄압했습니다. 개신교는 사실상 천주교를 개혁한 것이 아니라 기독교의 원형을 회복하려는 움직임이었던 것 같습니다. 그러나 세월이 지나자 또 변질되어 천주교와 다를 바 없는 형식적 교회도 많아지고 있으며, 오늘날에는 천주교의 교리와 구원관이 개신교로 많이 침투한 것을 알 수 있습니다.

기독교는 '모 아니면 도'

사람들은 왜 기독교에 열광하거나 경멸할까요? 기독교에 뜨뜻미지근한 신자가 없는 것은 아니지만 믿는 이들은 타 종교에 비해 좀 더 적극적이어서 기독교인을 싫어하는 사람들은 더욱 진저리를 칩니다. 불교나 천주교는 타 종교인을 개종시키려고 애쓰지 않으므로 무신론자들도 그들에게 별다른 거부감을 느끼거나 적대시하지 않습니다.

무신론자, 특히 기독교 적대론자(안티 기독인)들은 교회를 향해 말합니다.

"왜 당신들은 개종을 강요하느냐?"
"왜 기독교에만 진리가 있다고 독선을 부리느냐?"
"왜 천국과 지옥으로 협박하느냐?"
"왜 진리를 찾았다면서 당신들은 그 모양으로 살아가느냐?"

"왜 기독교 목회자들이 비리를 저지르느냐?"
"왜 하나님만이 참된 신이냐?"

심한 경우, 그들은 기독교를 사회의 암적인 존재로 비난하기도 합니다. 그렇다면 이처럼 좋고 싫은 것이 극명하게 갈리는 이유가 무엇일까요.

기독교는 사회정의의 종교이며 예수는 사대성인 중 한 사람이다…. 이런 식으로 기독교 교리에도 없는 내용을 윤리 시간에 배운 적이 있습니다. 하지만 그게 맞는 내용일까요? 사실 예수는 전능자 신의 아들을 사칭한 사형수가 아닙니까? 이런 사람이 어떻게 성인입니까? 여러분은 사이비 교주가 자기를 신이라고 하면 그를 세계의 여러 성인 중 한 사람으로 쳐 줍니까? 죽었다 살아났다고 하고, 세상에 다시 온다고 하며, 자기가 하나님의 아들이라고 주장하면서, 자기를 믿지 않는 사람은 지옥에 간다고 이야기하는 사람이 왜 성인입니까?

그처럼 이상한 회색지대는 있을 수 없습니다. 예수는 혹세무민했던 사기꾼 아니면 그리스도요 메시아이신 진짜 신입니다. 기독교는 지상 최대의 사기극이거나 유일무이한 진리입니다. 그렇기 때문에 사람들의 결정과 행동도 극명하게 나뉘는 것입니다.

전능한 하나님이 왜 인간이 돼?

하나님의 독생자인 예수님이 인간으로 와서 인간을 구원한다는 원리. 왜 하필 이런 방식이 필요하게 됐을까요? 그냥 하나님이 척척 해결하거나 누군가를 시켜 교통정리라도 하면 될 것을, 왜 그리 복잡하게 설계해 놓았을까 하는 생각이 들 수도 있습니다.

아담의 불행한 선택은 인간을 죄악 속에 살게 했습니다. 그런데 하나님께서는 애초에 이런 죄악의 성품이나 성질이 없기 때문에 인간의 죄악을 알 수조차 없었습니다. 그래서 삼위일체 중 한 분이신 아들 하나님을 인간의 몸으로 보내셨습니다. 하나님의 본체이신 전능자가 인간의 입장이 되신 것입니다.

예수님이 하나님의 아들이라고 해서 요술망치라도 들고 다니신 것은 아닙니다. 그분은 인간과 똑같이 배고픔을 느끼시면서

40일 금식을 통해 시험을 이기시고, 목수로 일하셨으며, 채찍에 맞을 때도 인간과 똑같은 아픔을 느끼셨습니다. 예수님이 일으킨 기적도 모두 아버지께 기도해서 이루신 것입니다.

예수님은 죽으시고 장사되었다가 부활하신 후 이 땅에 40일간 머무르시면서 많은 증인 앞에 자신을 드러내 보이셨습니다. 승천하시기 전 하늘의 아버지가 자신에게 하늘과 땅의 모든 권세를 주셨다고 말씀하셨습니다. 그래서 예수님은 승천하신 뒤 모든 것을 다스리시며 만왕의 왕이 되셨습니다.

하지만 십자가를 앞두고는 이 잔을 옮겨 달라고 피와 눈물로 기도하셨습니다. 하지만 자신의 뜻이 아니라 하나님의 뜻을 따르셨습니다. 십자가 위에서는 하늘의 아버지를 향해 "어찌하여 나를 버리셨나이까!" 하며 울부짖는 인간적인 모습을 보였습니다. 예수님은 스스로를 가리켜 '사람의 아들'이라고 늘 말씀하셨습니다. 그분은 완전한 인간이셨습니다. 그래야만 인간을 이해하고 그들을 위해 구원자가 될 수 있는 것입니다. 그러면서도 예수님은 완전한 하나님이셨습니다.

어떻게 인간이면서 하나님일 수 있을까요? 왕자와 거지가 일단 뒤바뀌면 그 시간만큼은 완전한 왕자와 거지의 역할밖에 할 수가 없습니다. 한국영화 〈광해〉 같은 것을 보면 거리의 광대가 왕이 되는데, 그가 왕좌에 있는 동안은 그의 말이 곧 어명이 되지요.

왕도 광대의 자리에 갔다면 아무리 자기가 왕이라고 우겨도 비웃음만 살 것입니다. 예수님도 이 땅에 오셨을 때 똑같은 일을 겪으시며 완전한 사람으로 사셨던 것입니다.

한편 그분의 죽음은 동물의 희생으로 피를 흘려 죄를 잠시 덮는 제사 같은 것이 아니었습니다.

"제사장마다 날마다 서서 섬기며 자주 같은 희생물들을 드리되 그것들은 결코 죄들을 제거하지 못하거니와 오직 이 사람은 죄들로 인해 한 희생물을 영원히 드리신 뒤에 하나님의 오른편에 앉으사 그 이후부터 자기 원수들이 자기 발받침이 될 때까지 기다리시느니라"(히브리서 10:11~13).

예수님은 구약의 속죄 제사, 일회성에 그칠 수밖에 없는 그 불완전한 제사 대신에 친히 영원한 제사를 몸으로 드리신 것입니다.

"그분께서는 거룩히 구별된 자들을 단 한 번 헌물을 드림으로 영원토록 완전하게 하셨느니라"(히브리서 10:14).

"또, 내가 그들의 죄들과 불법들을 다시는 기억하지 아니하리라, 하셨느니라. 이제 이것들의 사면이 있는 곳에서는 다시는 죄로 인한 헌물이 없느니라"(히브리서 10:17~18).

그러므로 예수님을 믿기만 하면 더는 죄를 용서받기 위해 동물을 희생시키는 제사를 드릴 필요가 없게 되었습니다. 제사를 행하기 어려운 사람들과 전 세계의 이방인들을 위한 최상의 방법이었던 것입니다.

"그러므로 형제들아, 우리가 예수님의 피를 힘입어 새롭고 살아 있는 길로 지성소에 들어갈 담대함을 얻었는데 이 길은 그분께서 우리를 위하여 휘장 곧 자기의 육체를 통해 거룩히 구분하신 것이니라"(히브리서 10:19~20).

예수님이 죽으실 때 성소의 휘장이 둘로 나뉜 것은, 1년에 한 번 대속죄일에 대제사장만 들어가던 지성소로 누구나 들어갈 수 있는 길을 열어주신 것입니다. 이후로 누구나 쉽게 하나님을 만나게 되었고 회개와 믿음으로 구원받게 된 것입니다.

구약시대 이집트를 탈출한 이스라엘 백성이 광야에서 지낼 때, 불뱀에 물린 자들이 많아지자 하나님은 모세에게 놋뱀을 하늘 높이 올리게 하여 그것을 쳐다보는 자들만 살게 하셨습니다. 그것을 바라보는 것만으로 무슨 해독이 되겠냐며 의심한 자들은 죽었습니다. 그러나 명령에 순종한 이들은 모두 생명을 지켰습니다. 이것이 구약에 나타난 구원의 상징 중 하나입니다.

높이 들린 뱀처럼, 하나님은 예수 그리스도에게 우리의 모든 죄를 지게 하셨습니다. 그리고 거기에 하나님의 저주가 쏟아졌습니다. 뱀에 물렸는데 뱀을 보라고 한 것은, 죄로 인해 죽게 되었으니 죄 덩어리가 되어 나무에 달리신 예수 그리스도를 보라는 것입니다. 희생 제사에서 자기의 죄를 동물에게 전가하고 피를 내고 불에 태우면서 내가 당할 고난을 대신 당하게 하듯이 예수님이 모든 죄를 받으심으로 인류의 과거, 현재, 미래의 죄를 완전히 씻으신 것입니다. 그러므로 예수님께서 이미 이루어 놓으신 일을 믿는 것이 그분이 제시하신 구원의 단순한 길입니다. 그래서 예수님은 이렇게 말씀하셨습니다.

"모세가 광야에서 뱀을 든 것 같이 사람의 아들도 반드시 들려야 하리니 이것은 누구든지 그를 믿는 자는 멸망하지 않고 영원한 생명을 얻게 하려 함이니라. 하나님께서 세상을 이처럼 사랑하사 자신의 독생자를 주셨으니 이것은 누구든지 그를 믿는 자는 멸망하지 않고 영존하는 생명을 얻게 하려 하심이라. 하나님께서 자신의 아들을 세상에 보내신 것은 세상을 정죄하려 하심이 아니요, 그를 통해 세상을 구원하려 하심이라"
(요한복음 3:14~16).

죄로 인한 저주는 십자가 위에서 모두 끝났습니다.

"그리스도께서 우리를 위해 저주가 되사 율법의 저주에서 우리를 구속하셨으니 기록된바, 나무에 달리는 모든 자는 저주 받았느니라, 하였느니라"(갈라디아서 3:13).

하나님이 인간의 몸을 입고 이 땅에 오실 수밖에 없었던 이유를 쉽게 비유하는 이야기가 있습니다.

힌두교 국가에서 어렵게 사역을 하던 한 선교사가 있었습니다. 그는 사람들 앞에서 담대히 복음을 전했지만 그들은 복음을 이해하지 못했습니다. 무슨 신이 인간으로 와서 구원하느냐고 말입니다. 그들 중에 터무니없다고 유독 화를 내며 집으로 돌아간 청년이 있었는데, 그 청년은 집으로 돌아가는 길에 개미 떼를 만났습니다. 열심히 먹이를 나르며 평화롭게 일하고 있는 개미들….

그런데 한쪽에서 어떤 농부가 땅을 갈아엎으며 쟁기질을 하고 있었습니다. 모든 생명을 소중히 여기는 힌두교도였던 청년은 안타까운 마음으로 개미들을 바라보았습니다. 이제 곧 땅이 뒤집힐

것도 모르고 양식을 비축하는 데 여념이 없는 개미들이 불쌍했지만 소리를 질러 알려준다 해도 못 알아들을 거라는 생각에 몹시 안타까웠습니다. 그때 그에게 스치는 생각이 있었습니다.

'내가 만일 개미라면, 당장 개미가 될 수 있다면 얼른 피하라고 말해줄 텐데….'

아! 순간, 그는 진리를 깨달았습니다. 왜 하나님이 인간의 몸이 되어 내려왔는지 알게 된 것입니다. 그는 즉시 선교사를 찾아가 예수님을 영접하고 크리스천이 되었습니다. 여러분이 개미가 되어 그들 틈에 산다고 생각하면 얼마나 불편하고 더럽고 답답하겠습니까. 이처럼 하나님은 고통을 견디시며 우리에게 구원으로 들어서는 길을 열어 주신 것입니다.

기독교는 왜
'피'를 강조하나?

피는 생명입니다. 유일하게 몸속을 돌아다니는 기관인 피는 생명의 원천이 되는 물질입니다. 그래서 기독교에서는 피에 관한 이야기가 많이 나옵니다.

"이는 육체의 생명이 피에 있기 때문이니라. 내가 피를 너희에게 주어 제단 위에 뿌려 너희 혼을 위해 속죄하게 하였나니 피가 혼을 위해 속죄하느니라"(레위기 17:11).

성경은 이미 수천 년 전부터 육체의 생명이 '피'에 있다고 말합니다. 피는 사람이 만들어내지 못합니다. 앞으로도 그럴 것입니다. 피는 심장에서 뿜어져 나옵니다. 사람은 약 5리터의 피를 가지고 있고, 이것은 23초마다 전신을 돌며 생명을 유지합니다. 이런 과정을 통해 60조 개가 넘는 몸속의 모든 세포에 영양분을 공급하고 노폐물을 제거하며 다른 세포들과 연락을 취하는 것입니다.

피는 왜 하필 빨간색일까요. 물론 그것은 적혈구 때문이지만, 왜 눈에 잘 띄는 빨간색이냐는 말입니다. 빨간색이 왜 그토록 눈에 띄고 또 자극적이며 충격적인지 생각해 보셨습니까? 피가 흐르는 모습은 머리에 오래 남고 또 공포를 느끼게 해 우리를 불안하게 만듭니다. 그 이유는 피가 가장 중요하기 때문입니다. 피는 생명 자체를 위해서도 중요하지만 우리가 지닌 붉은 죄를 가리고 덮을 수 있는 색깔이며 유일한 방법입니다.

> "다음 날 요한이 예수님께서 자기에게 오시는 것을 보고 이르되, 세상 죄를 제거하시는 하나님의 어린양을 보라"

(요한복음 1:29).

그분이 죄를 '제거'하셨습니다. 이제 이것을 믿으라고 하십니다. 주님의 피는 평생 동안 죄를 안고 살면서 용서받게 하시는 것이 아니라 모든 죄를 치워버리는 것입니다. 피로 재앙을 막고 죄를 용서받는 표징은 구약에 많이 나옵니다. 그래서 구원받은 사람의 마음에는 예수 그리스도의 피의 효력을 믿는 믿음이 필요한 것입니다. 주님의 피는 죄의 용서를 상징하는 것뿐 아니라 그 자체로 실제적인 것이기도 합니다.

예수님은 처녀인 마리아에게서 태어나셨지만 죄의 피를 받지 않았습니다. 이것은 의학적으로도 틀리지 않습니다. 아기를 가진 엄마는 배 속의 아기에게 영양분을 공급합니다. 그러나 엄마의 피는 단 한 방울도 아이에게 전해지지 않습니다. 태아의 피는 태아의 몸 안에서 생성되는데, 아기의 몸속에 피가 흐르기 시작해도 엄마의 피와는 서로 섞이는 일이 전혀 없다는 것입니다.

예수님이 처녀의 몸에서 나신 것은 신비함을 더하기 위한 허구적 장치가 아니라 죄의 몸을 지닌 인간의 부패한 피와 섞여서는 안 되기 때문이었습니다. 이처럼 하나님의 흠 없는 어린양이신 예수님의 값진 피에는 죄를 없애는 큰 능력이 있습니다.

구약은 율법, 신약은 은혜

구약시대에 하나님은 모세를 통해 이스라엘 백성에게 '율법'을 주셨습니다. '율법'은 뒤집으면 '법률', 즉 '법'입니다. 이 율법은 모든 법 중 최초의 것이고, 그리스인들이 '법'이라는 말을 사용하기 천 년 전부터 유대인들은 그것을 받아 지켜왔습니다. 그리고 이 세계 최초의 법은 가장 완벽한 것으로서 다른 모든 법의 기초가 되었습니다.

이 율법은 사람의 삶에 있어서는 공중 질서요 법이지만, 구원의 섭리로는 각 사람의 죄를 드러나게 하는 역할을 합니다. 율법을 통해 이것을 아무도 완전히 지킬 수 없음을, 그래서 모두가 죄인임을 드러내시는 하나님의 의도인 것입니다. 또한 이것을 어겨 불이익을 당하지 않도록 가이드라인을 제시해 주신 것이기도 합니다. 그러나 하나님은 우리를 위해 율법보다 더 좋은 것을 예비하셨는데, 그것이 바로 '은혜'이며 새로운 상속유언(신약)입니다.

직장생활을 하던 때를 돌아보면, 책상을 깔끔하게 정돈해 가며 일하는 사람이 있는가 하면 너저분하게 늘어놓고 꼭 필요한 부분만 치우면서 일하는 사람도 있습니다. 지저분한 부류 중에서도 단연 최고봉은 잔뜩 어질러놓고 집에 갈 때쯤엔 자기가 보기에도 너무 지저분한 책상 위에 신문지를 넓게 펴서 덮어놓고 가는 사람이었습니다.

저도 책상이 좀 어지러운 편입니다. 제 책상은 PC와 매킨토시, 참고자료, 커피 잔, 원고, 필기구, 메모지, 전화, 이어폰 등으로 매우 복잡합니다. 치우긴 해야겠는데 왜 그리 귀찮은지… 또 금방 어질러질걸 뭘 치우나 하는 생각도 듭니다.

그런데 제가 책상을 말끔하게 치우고 물티슈까지 써가며 닦아낼 때가 있습니다. 바로 커피를 엎질렀을 때입니다. 커피가 쏟아지면 책상 전체가 끈적거려 닦지 않을 수가 없기 때문이지요. 결국 물건들을 제자리에 정리하며, 버려야 할 것들은 버리고, 물을 뿌려가며 닦아냅니다. 그렇게 닦고 나면 조금 귀찮기는 해도 속은 시원합니다. 다음에 또 지저분해지고 닦기가 귀찮아지면 커피를 한번 엎질러야겠다는 엉뚱한 생각을 하기도 합니다.

회사에 다닐 경우, 컴퓨터 자판에 오물을 쏟아 망가지면 새것으로 교체해 줍니다. 회사 입장에서 그쯤은 일도 아닙니다. 전에 쓰던 자판도 쓸만했지만 새것을 받으면 더 좋습니다. 이렇게 악재를 통해 처음보다 더 좋아지는 것이 구속의 원리라고 할 수 있습니다. 아무 일도 없었다면 그냥 일을 했을 것입니다. 그러나 엎지른 커피로 인해 모든 것을 반짝거리게 닦아놓고 나면 훨씬 상쾌합니다. 에덴의 동산에서 있었던 타락과 구원의 섭리도 바로 이런 관계입니다. 그렇게 말끔히 처리하는 일을 예수님이 해주신 것입니다.

율법을 아직도 지켜야 하는지에 대해 혼동하는 경우가 많습니다. 물론 율법은 지킬 수만 있다면 우리에게 득이 되므로 금할 이유가 없습니다. 하지만 죄인의 신분을 벗어나면 그것에 얽매일 필요가 없어집니다. 마치 학교를 졸업한 사람은 학교의 시간표와 규율대로 살아가진 않는 것과 마찬가지입니다.

율법은 사람을 비추는 거울과 같으므로 우리의 죄를 드러내 보여 줍니다. 스캐너가 모든 것을 보여 주듯이 낱낱이 보여 주는 것이 율법입니다. 그러나 거울이나 스캐너가 비추고 드러낸 더러움을 씻어주지 못하듯이 율법이 인간을 구원하지 못합니다. 은혜의 시대가 된 오늘날의 율법 준수는 책상에 이미 흘린 커피가 내 옷에 묻지 않도록 조심하는 행동과 같습니다. 근본적 해결책이 아니라는 것입니다. 더러워진 책상에 신문지를 덮는 것은 구약의 제사와 같고, 말끔히 치우는 것은 예수님의 피에 의한 은혜의 구원, 즉 '죄의 제거'와 같다고 할 수 있습니다.

예수 그리스도를 믿는 자에게 율법은 어떤 권리도 요구할 수 없는, 이미 사별한 전 남편과 같은 것입니다. 물론 율법은 소중하며 하나도 없어지지 않을 것이지만 구원받아 자유를 누리며 거룩한 삶을 사는 것이야말로 하나님의 공짜 선물입니다. 참된 진리를 알면 삶과 마음에 참 평화와 참 자유가 찾아옵니다. 그것을 꼭 소유하시기 바랍니다.

"또 너희가 진리를 알리니 진리가 너희를 자유롭게 하리라, 하시니라"(요한복음 8:32).

내가 왜
믿어야
하죠?

에.필.로.그.

예수가
나와 무슨 상관?

"그들의 회당에 부정한 영이 들린 사람이 있었는데 그가 소리를 지르며 이르되, 나사렛 예수님이여, 우리를 홀로 두소서. 우리가 당신과 무슨 상관이 있나이까? 우리를 멸하러 오셨나이까? 나는 당신이 누구신 줄 아노니 하나님의 거룩하신 이시니이다, 하매 예수님께서 그를 꾸짖어 이르시되, 잠잠하고 그에게서 나오라, 하시니 그 부정한 영이 그 사람을 쥐어뜯고 큰 소리를 지르며 그에게서 나오므로 그들이 다 놀라며 자기들끼리 물어 이르되, 이것이 무슨 일이냐? 이것이 무슨 새로운 교리냐? 그가 권위를 가지고 심지어 부정한 영들에게 명령하니 그들이 그에게 순종하는도다, 하더라. 그분의 명성이 즉시 갈릴리 주변 온 지역에 두루 널리 퍼지니라"(마가복음 1:23~26).

예수님이 부정한 영들을 쫓는 장면입니다. 이런 악한 영은 사람들에게 들어가서 그들을 물과 불에 던져 죽이기도 하고 미치게도 하며 하나님을 거부하게 만듭니다. 그리고 이렇게 말합니다.

"우리가 당신과 무슨 상관이 있나이까?"

이것은 그 사람의 생각이 아닙니다. 악한 영들이 그를 통해 말하고 있는 것입니다. 여러분도 이와 똑같이 묻고 싶다면, 이것은 전적으로 당신의 생각만이 아닐 수도 있다는 것을 명심해야 합니다.

사람들은 늘 무언가에 갈급한 마음으로 미래와 죽음을 걱정하고, 살아서 무언가를 이루려고 애씁니다. 또한 자신의 영적인 목마름을 돈과 쾌락과 온갖 취미, 사회적 성취와 열렬한 사랑과 자녀에 대한 집착, 정치참여, 사회봉사 등으로 해결하려 하고 있습니다. 그러나 그런 방법으로는 영적 목마름이 결코 해갈되지 않습니다.

여러분의 영도 하나님을 향한 본래의 삶을 갈구하고 있다는 것을 잊지 말고, 시시각각 '예수가 나와 무슨 상관이냐'라고 생각하게 만드는 마귀의 계략에서 벗어나기를 간절히 바랍니다. 예수님을 지식적으로 잘 알아도 소용없습니다. 그분을 훌륭하다 인정해도 소용없습니다. 심지어 하나님의 아들이고 거룩한 자로 인정한다 해도 당신과 상관이 없다고 생각한다면 그것은 위에 나오는 부정한 영 들린 사람과 다를 바 없는 생각이며, 사탄의 속삭임입니다.

맺.는. 글.

당신도 우리처럼…

　이제 모든 글을 맺을 시간입니다. 여러분의 하나님에 관한 오해가 조금이나마 풀리고, 기독교인들이 무엇을 믿는지 어느 정도 이해가 되셨다면 그리고 복음과 구원에 대해 한 번쯤 생각하게 되셨다면 더 바랄 것이 없겠습니다. 이후의 모든 일은 하나님께 맡기고, 여러분의 현명한 선택을 기다릴 뿐입니다. 당부하고 싶은 것은, 이후에 교회를 선택하거나 성경을 읽게 되신다면 꼭 바른 교회와 바른 성경을 선택하시라는 것입니다.

　요즘 젊은이들은 잘 모르겠지만 오래전에는 버스에 안내양이 있어서 내릴 때 직접 돈을 받았습니다. 짓궂은 학생들 중에는 버스비를 내지 않고 도망가는 아이들도 있었고, 뒷사람이 낼 거라며 천연덕스럽게 내리는 등 부정승차 하는 일도 있었습니다. 또 당시 학생용 버스표였던 회수권을 위조하는 경우도 있었고, 어떤 학생은 일회용 밴드 크기의 회수권 앞뒤를 투명 테이프로 붙여 장갑을 낀 안내양 누나에게 내밀었다가 다시 빼서 도망가는 등 갖가지 장난이 성행했습니다. 이와 같은 무임승차는 당연히 불법입니다. 그러다 보니 무사히 넘어갈 때도 있지만 언젠가는 꼬리가 밟히게 되지요.

어떤 학생이 돈을 내지 않고 도망가다가 야무진 안내양에게 뒷덜미를 잡혔습니다.

"야, 너 어느 학교야? 죽을래?! 경찰서 가고 싶어?"

결국 돈을 내지 못한 그 학생은 그때부터 포로가 됩니다. 버스 종점까지 끌려가서 기사 아저씨한테 혼나고 버스 청소까지 하면서 그날 하루를 망치게 될 것이 분명합니다.

그런데 그때, 지나가던 어느 중년 신사가 버스비를 내줍니다. 학생 회수권이 아닌 현금으로 말입니다. 어쩔 수 없이 학생을 놓아준 안내양은 입을 씰룩거리며 욕을 합니다. 그러자 신사가 그녀를 타이릅니다.

"내가 저 학생 차비를 냈으니까 손님들 기다리게 하지 말고 얼른 가 봐요~."

분이 덜 풀린 안내양이 학생에게 욕은 할 수 있어도 돈을 요구할 수는 없습니다. 그 학생 몫의 돈이 지불되었기 때문입니다. 이제 학생은 자유입니다. 어디든 갈 수 있습니다. 잘못한 것은 사실이지만 버스 종점까지 끌려가지 않아도 되는 것입니다.

"앞으로 또 그러면 안 돼~."

그 중년 신사는 학생에게 버스비를 갚으라고 하지 않습니다. 왜냐하면 버스비 정도는 그에게 큰돈이 아니었기 때문입니다. 그리고 도와준 대신 가서 착한 일 한 가지를 반드시 하라고 강요도 하지 않았습니다. 학생은 자신의 잘못을 뉘우치고, 버스비를 빚진 그 신사에게 "고맙습니다!" 하고 인사만 하면 됩니다. 그리고 다음부터는 무임승차를 안 하면 됩니다. 학생이 자기가 위조한 가짜 버스표나 주머니를 탈탈 털어 나온 먼지 같은 것을 신사에게 내미는 것으로 빚진 버스비를 갚으려고 한다면 도와준 분을 오히려 모욕하는 것이 될 것입니다.

불법을 저질렀지만 그것을 갚을 능력이 없는 처지, 그것이 바로 인간의 상태입니다. 여러분과 저는 모두 죄인이었거나 죄인입니다. 극악무도한 흉악범과 거룩해 보이는 종교 지도자의 차이도 하나님 앞에서는 종이 한 장도 안 되는 미미한 것입니다. 이런 처지를 인식하는 것이 구원의 필수 조건입니다.

포로로 잡혀갈 수밖에 없는 인간에게 죗값을 대신 지불하여 '무죄'로 만들어 준 신사는 바로 예수님입니다. 그분은 우리 모두에게 필요한 차비, 즉 죄 사면에 필요한 어린양의 피를 흘려주신 분입니다.

"언제 봤다고 돈을 내 준대. 내가 모르는 아저씨 돈을 왜 받아요?"

이렇게 호의를 거부하고 끝내 종점으로 잡혀가는 사람은 못나고 어리석은 자입니다. 우리는 그분이 주신 조건 없는 사랑에 그저 감사하면 됩니다. 가짜 버스표나 먼지 같은 '자기 의'를 내세우는 것은 교만입니다.

사실, 버스비 정도는 너무나 부족한 예입니다. 사람의 상태는 그보다 더 심각하고 예수님의 선물은 훨씬 귀중하며 꼭 필요한 것이기 때문입니다. 그분은 버스만이 아니라 비행기를 몰래 탔다가 걸린 사람의 항공료도 내줍니다. 도둑질을 한 사람이 훔친 물건 값도 지불해 줍니다. 강도질을 하다가 경찰서로 끌려가는 사람 대신 옥살이를 해주고, 사형당할 사람을 숨겨주며 대신 가서 죽어주시는 분입니다. 이런 분에게 돈다발을 내밀겠습니까. 이런 분에게 나의 잘난 재능과 보잘것없는 선행을 대가로 내밀 수 있을까요?

여러분! 주차 금지 구역에 차를 세웠다가 견인돼 본 경험이 있으십니까? 안전띠를 안 매고 가다가 모퉁이를 돌자마자 나타난 경찰에게 범칙금 고지서를 발급받은 적이 있나요? 자기는 싫은데 사람들에게 이끌려 바이킹이나 롤러코스터를 억지로 타 보신

적이 있습니까? 순간의 실수로 자녀가 다치게 된 적이 있습니까? 연인에게 무참히 버림받았던 적은, 방금 산 주식이 한없이 추락한 적은, 딴 생각을 하다가 접촉사고를 낸 적은요? 이럴 때 어떤 생각이 드십니까?

아마 5분 전, 10분 전으로 되돌아가고 싶으실 겁니다. 그럴 수 있다면 결단코 다시 그런 선택을 하지는 않겠지요.

우리는 삶의 마지막을 알지 못합니다. 그것은 잠시 후일 수도 있고 수십 년 후일 수도 있습니다. 분명한 것은 우리가 이 육신을 떠나게 되면 다시는 돌이킬 수 없다는 것입니다. 부디 후회 없는 선택을 하셔서 하나님의 나라를 소유하시기 바랍니다.

천국에는 우리가 아끼는 취미보다 훨씬 즐거운 것들이 있습니다. 하나님의 빛으로 가득한 그곳은 악한 것과 위험한 것이 없는, 기쁘고 아름다운 세상입니다. 여러분과 그 멋진 나라에서 꼭 만나기를 원합니다. 부디 열린 마음으로 예수 그리스도의 초대를 받아들이시기 바랍니다.

"보라, 내가 문에 서서 두드리노니 누구든지 내 음성을 듣고 문을 열면 내가 그에게로 들어가 그와 함께 만찬을 먹고 그는 나와 함께 먹으리라"(요한계시록 3:20).

마음의 문은 바깥에 손잡이가 없습니다. 안에서 열어야만 합니다.

"하나님께서 세상을 이처럼 사랑하사 자신의 독생자를 주셨으니 이것은 누구든지 그를 믿는 자는 멸망하지 않고 영존하는 생명을 얻게 하려 하심이라"(요한복음 3:16).

여러분에게 하나님의 무한하신 사랑이 함께하시기를 기도하며, 저의 구주이며 주님이신 예수 그리스도와 거룩하신 하나님을 자랑하고 또 찬양합니다. 감사합니다.

사명선언문

너희가 흠이 없고 순전하여……세상에서 그들 가운데 빛들로
나타내며 생명의 말씀을 밝혀 _ 빌 2:15-16

1. 생명을 담겠습니다
만드는 책에 주님 주신 생명을 담겠습니다.
그 책으로 복음을 선포하겠습니다.

2. 말씀을 밝히겠습니다
생명의 근본은 말씀입니다.
말씀을 밝혀 성도와 교회의 성장을 돕겠습니다.

3. 빛이 되겠습니다
시대와 영혼의 어두움을 밝혀 주님 앞으로 이끄는
빛이 되는 책을 만들겠습니다.

4. 순전히 행하겠습니다
책을 만들고 전하는 일과 경영하는 일에 부끄러움이 없는
정직함으로 행하겠습니다.

5. 끝까지 전파하겠습니다
모든 사람에게, 땅 끝까지, 주님 오시는 그날까지
복음을 전하는 사명을 다하겠습니다.

서점 안내

광화문점 서울시 종로구 새문안로 69 구세군회관 1층
02)737-2288 / 02)737-4623(F)

강남점 서울시 서초구 신반포로 177 반포쇼핑타운 3동 2층
02)595-1211 / 02)595-3549(F)

구로점 서울시 동작구 시흥대로 602, 3층 302호
02)858-8744 / 02)838-0653(F)

노원점 서울시 노원구 동일로 1366 삼봉빌딩 지하 1층
02)938-7979 / 02)3391-6169(F)

일산점 경기도 고양시 일산서구 중앙로 1391 레이크타운 지하 1층
031)916-8787 / 031)916-8788(F)

의정부점 경기도 의정부시 청사로47번길 12 성산타워 3층
031)845-0600 / 031)852-6930(F)

인터넷서점 www.lifebook.co.kr